自分の子どもを天才にして成功させる本

哲学で地アタマを鍛える10の秘訣

小川仁志

教育評論社

はじめに

「教育の二〇二〇年問題」などといわれるように、詰め込み式の大学入試廃止を始め、今、教育の大改革が行われようとしています。とりわけ初等教育での考える授業に注目が集まり、教育現場だけでなく家庭でも暗中模索の試行錯誤が始まっているといっていいでしょう。

日本社会が成熟を迎える中で明確なビジョンが見えず、またグローバルな環境で多様な価値観に対応しなければならない時代にあって、「正しい答え」を導き出すのは容易ではありません。そこで求められるのは、知識の多寡でも処理能力の速度でもないのです。むしろ既存の知識にとらわれず、その場その場で最適な答えを柔軟に生み出していけるだけの頭のよさが必要とされています。

時に人は、そのような頭のよさを「地アタマのよさ」と呼びます。もともとの頭の回転のよさ、もともとそなわった強靭な思考力を指す言葉です。しかし、ここでいう「もともと」は、必ずしも生まれもったということを意味するわけではありません。もちろん生まれもって頭がいい人もいるでしょう。ただ、ほとんどの場合は、その後どう頭を鍛えるかによって、地アタマのクオリティが変わってくるのです。

頭も身体の一部である以上、鍛えれば鍛えるほど進化するし、鍛えなければ退化します。これは何も脳科学の知見などといった大げさなものを引っ張ってこなくとも、日ごろ頭を使っていない人がたまに頭を使うと疲れることとから明らかでしょう。

とはいえ、頭が身体の一部だということは、年齢と共に衰えていくのもまた事実なのです。若いころはいくらでも覚えられたものが、年をとるとなかなか覚えられないということがあると思います。

したがって、頭も若いうちに鍛えておくのが一番効率がいいといえます。頭がどんどん発達しているうちに、しっかりとした地アタマを形成しておく必要があるのです。だから幼少期の教育に注目が集まるのです。

特に物事を論理的に理解できるようになる保育園・幼稚園から小学校くらいがベストです。赤ちゃんはまだ論理がわかりませんし、中学生はもう大人と同じだからです。保育園・幼稚園から小学校の一〇年くらい、三歳から一二歳の間が最適だといえるでしょう。

もう一つ小学校くらいまでが大事なのは、この時期は親の影響がとても大きいということです。中学生にもなると思春期もあって親に反発し始めますが、小学校までの間は基本的に子どもは精神的に親に依存して生きています。ですから、親がどういう態度で子どもと接するかが、その子の人格から何からすべてを決めるといっても過言ではありません。つまり、頭の使い方を含めてということです。

だからこそ私は、この時期親子で一緒に頭を鍛えることをお勧めしています。親子で共に刺激し合いながら、頭を鍛えるのです。これは子どもが一人で勉強したり、外部の誰かと勉強するのとは大きな違いがあります。理由は簡単です。子どもにとって親は特別な存在だからです。自分のことを一番に考えてくれているという信頼が、子どもの頭の吸収力を加速します。聴く耳をもつことと吸収力が比例するのは、大人も子どもも同じです。

さらに、親はあらゆる場面で子どもと話す機会があるので、最も効果的な環境で必要な物事を学ばせることが可能です。たとえば、水を出しっぱなしにしながら歯磨きをする子どもに、なぜそれがいけないのか伝えるには、その場で話すのが一番です。印象の度合いもまた吸収力に比例するからです。親子は三六五日、二四時間共に学べる環境にあるのです。

親子で幼少期に学ぶことが地アタマに影響する点は、これである程度わかっていただけたかと思います。では、なぜ哲学なのか？　本書ではほかでもない哲学によって地アタマを鍛える方法を提案しています。哲学といえば使えない学問の代名詞になっていますから、余計に不思議に思われる方がいるかもしれません。

多分それは、哲学がただの暗記科目、あるいは逆に文献学になってしまっているからでしょう。アリストテレスはどんな言葉を残したかとか、カントの書いた本は何かなどということをいくら覚えても、哲学を身につけたとはいえません。また、大学でいくらカントの難しい本やそれに関する論文を読んでも、それだけで哲学的思考が身につくわけではないのです。

本来、哲学というものは、自分の頭で考えて答えを見つける営みでした。哲学の父と呼ばれる古代ギリシアのソクラテスは、まさにそうやって哲学という学問を始めたわけです。ところが、それがいつの間にやらただのマニアックな知識の習得に成り下がってしまった。ここが問題です。

本来の哲学は、地アタマを鍛える作業に最適な学問です。なにしろ自分の頭で考えて答えを見つけるための学問なのですから。だから哲学を使って、地アタマを鍛えることを提案しているのです。時に人は、地アタマのいい人のことを「天才」と呼びます。そう、あえていうなら、本書には自分の子どもを天才にするための秘訣がいっぱい詰まっているのです。

二一世紀の今、地アタマを鍛えるということは、具体的には次の一〇の力を鍛えることを意味します。つまり、論理力、好奇心力、批判力、創造力、直観力、倫理力、対話力、協働力、行動力、表現力です。これら一〇の力が今の世の中で求められると考えるからです。すべてまとめて広義の「思考力」と表現してもいいでしょう。

というのも、自分の頭で思考するためには、まず広くアンテナを張る必要があります。だから好奇心が必要なのです。そして論理的に、批判的に物事を考えなければなりません。さらに、新しい事態に対峙するには創造力が求められます。これらに加えて、社会で活躍していくためには、他者に対する共感や倫理感をしっかりともち、きちんと対話し協働できる能力も求められます。そうして最終的には、考えたことを適切に判断し、表現する力が不可欠となるのです。

そんな広い意味での思考力を身につけることで、ようやく地アタマは鍛えられ、これからの混迷の時代を引っ張っていける人間になれるのです。複雑高度化し、厳しい競争を余儀なくされるこの社会で成功できるかどうかも、すべて思考力にかかっています。これからを生きる子どもたちのためにも、ぜひ本書でそのノウハウを身につけて、実践していただきたいと思います。そして自分の子どもが成功するように、正しく導いてあげてください。

もくじ

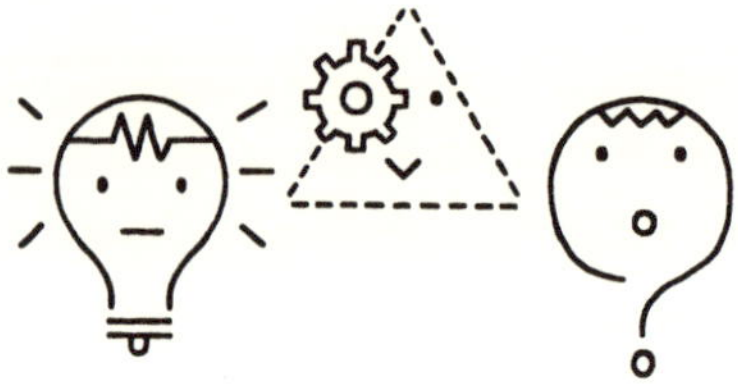

〈カバーデザイン〉杉山健太郎

1 論理力を鍛える

論理力は思考力の典型

物事を順番に考えていく

よく論理的に考えなさいといわれます。これはいったいどういうことなのでしょうか？　この問いに答えるためには、まず論理という言葉の意味を明らかにする必要があります。論理というのは古代ギリシア語のロゴスに由来する言葉で、思考の法則だとか形式というふうに説明されます。つまり、物事を納得いくように順番に考えていくことだといっていいでしょう。話が急に飛躍してわけがわからなくなってしまうようでは、論理的だとはいえないのです。

その意味では、論理的であるということが、頭がいいことの言い換えとして使われることがあるのもよくわかるでしょう。「あの人は論理的だ」と形容する時、普通は「あの人は頭がいい」というニュアンスを含んでいます。**難しいことをわかりやすく順を追って説明してもらえると、たしかに複雑なパズルをすらすら解く天才に見えるものです。**

高校時代、難解な数学の証明問題をすらすら解いて教えてくれたクラスメートを、本当に天才だと感じたことがありました。できるやつでしたが、実際には天才というほどではありませんでした。でも、そう見えるという点がポイントです。私も子どもの算数の問題を順を追って解説しながらすらすら解くと、娘に「お父さん、天才！」といわれます。これはあくまで形容なのですが、こういうシーンで人は思わず相手に「天才！」といってしまうのです。それほど論理的であるということが、頭のよさと結びつけられている証拠です。

文系でも論理思考を

このように算数や数学の話ばかりすると、なんだか論理が理系のためのものみたいですが、もちろん言葉の世界でも求められます。論理学の専門家である三浦俊彦さんは、『天才児のための論理思考入門』の中で次のようにいっています。「『論理』は人間の思考と言語に関わる概念なので、主題としては文系の学問の研究対象です。そして研究方法としては文系理系共通の方法です」と。現にこの三浦さんの本でも、文系と理系の両方の問題が扱われています。中には、「この世に解けない問題ってあるの?」なんて哲学的問いもあります。

そうなのです。実は論理の問題と哲学の問題はとても似ています。そもそも論理の語源であるロゴスは、哲学を意味する言葉でもあるのです。だから哲学もまた論理の営みだということができます。**論理を鍛えることで天才児になれるというのと同じで、哲学をすることで天才児になれるのです。**

哲学が得意とするのは、数学の証明問題ではなく、抽象的な問いです。たとえば、愛とは何かとか、自由とは何かといったような。経済成長率を何パーセントに設定するかという具体的な問題とは異なり、**こうした問いには決まった答え方がありません。だから論理が鍛えられるのです。**順を追って考えていくことで、徐々に答えに迫っていくよりほかありません。

たとえば「かなわぬ夢をかなえる方法」を考えるとしましょう。まず考えないといけないのは、なぜかなわないのかです。おそらく何か問題があるからでしょう。ということは、その問題をなんとかすればいいわけです。問題から目を背けるという選択もあるかもしれませんが、それでは解決したことにはなりません。

マイナスをプラスに変える視点

はたして問題を切り捨てずに解決するなんてことができるのでしょうか？ 残された道は、問題をプラスに変えるということしかありません。問題をプラスに変えるということは、視点を変えることにほかなりません。そのまま正面から見ていては、問題はマイナスのままです。それを視点を変えて見ることで初めて、プラスにとらえることができるのです。結局、かなわぬ夢を実現するには、**ネックになっている問題点を、視点を変えることでプラスに転換すればよい**ということになります。これが哲学的な思考のプロセスです。

実は、これは近代ドイツの哲学者ヘーゲルの弁証法の考え方と同じものです。ヘーゲルの弁証法では、何事も必ず問題が生じるという前提から始まります。そしてその問題を切り捨てることなく、むしろ内側に取り込むことで、より発展した状態にもっていくべきだと考えるのです。

このように、多くの事柄がすでに歴史上の哲学者たちによってすでに考えられ、それが知の結晶として残されています。弁証法もその一つですが、そんな哲学概念が無数にあるのです。したがって、それらを学ぶことで、哲学の思考法をマスターすることができます。これについては後で改めて代表的なものを紹介したいと思います。

このように、**理系であるか文系であるかにかかわらず、論理は思考の典型であり、基本なのです。**ですから、子どものころから論理力だけはしっかりとつけておく必要があります。そうすることで思考力がつき、算数も国語も、理科の実験も作文もすべてパワーアップするはずです。

基本的な論理思考パターン

子どもの論理思考に必要な五つ

先ほど哲学概念は、歴史上の哲学者たちが残してくれた知の結晶だといいました。しかもそれは無数にあると。でも、もちろんそんなものをすべて覚える必要はありません。**仕事や勉強に必要な基本的なものだけを知っておけばいいのです**。そうすることで、応用も効きますから。

以前私は、『7日間で突然頭がよくなる本』という著書を出したことがあります。タイトルがよかったこともあって、ベストセラーになったのですが、実はこれは哲学の仕方について書いたものだったのです。その中で、「頭がよくなるための論理パターンベスト10」を発表しています。ここではその中でも子どもが論理的思考を行うのに必要な五つを厳選して紹介したいと思います。

そのうちの一つが、先ほどすでに説明した弁証法です。したがって、残りのものについてお話しします。つまり、主観と客観、イデア、構造主義、因果関係の四つです。

まずは主観と客観についてです。そもそも物事を考える時には、誰が考えているのかはっきりさせる必要があります。いい方を変えると、考えるという行為には、常にそれをしている主体が存在するのです。私が考えている場合は、私が主体です。その主体である私の考えが主観と呼ばれるのです。主観の「観」は、考えを意味する語「観念」からきています。

そして、主体である私が何かについて考える時、この考える対象である何かが客体になります。私がリンゴについて考えるなら、リンゴは私の思考の客体です。そしてリンゴに対する私の考えが主観なのです。では、客観とは何か？これが一番難しいのですが、一言でいうと、人から見た私の考えのことです。私が「このリンゴは珍しい」という主観を抱き、それを言葉にしたとしましょう。その言葉を別の誰かが聞いた時、私のこの言葉はその人にとっては客観なのです。だって、その人がいったわけではなく、私がいった意見ですから。

この主観と客観の区別をしっかりとすることが、論理思考にとって非常に重要になってきます。国語の問題を解いていても、誰のセリフで誰の気持ちなのか理解することが求められますよね。そういう時に、役立ってくるのです。

会社の資料などでも、よく「主語がわからない」という批判を耳にすることがあります。これは国語をきちんと勉強してこなかった人が、非論理的な文章を書いているために生じる問題です。ただ単に「申請書の提出」なんて書いてあっても、「誰が？」ということになるわけです。

心の目で真の姿を

次に、イデアというのは、古代ギリシアの哲学者プラトンが掲げた理想の状態のことです。彼はイデア界という世界を想定し、何事も理想はそのイデア界にあるといいました。私たちが日ごろ見ているものや使っている概念も、**この**

世にあるものはすべてイデアの陰に過ぎないというのです。だから、心の目で真の姿を見定めなければならないというわけです。

これが論理思考に役立つのは、目の前の現象には必ず正しい姿があると考える癖がつくことです。理科の実験でもなんでもいいのですが、目の前に起こっている現象は、真理の陰に過ぎないと思うと、そこに法則や原理を見出そうとする思考が働きます。なぜこんなことが起こっているのか、その原理を探ろうという発想になるのです。

そして、構造主義は、フランスの思想家レヴィ＝ストロースが確立したもので、物事を構造の中で見るという考え方です。どんな物事も大きな枠組みの中で生じているということができます。一本の木も大きな森の中の一つなのです。その時、目の前の一本だけにとらわれていては、本質を見失います。「木を見て森を見ず」の言葉通りです。

だから全体に目をやる必要があるのです。その中で位置づけることで、一本の木の意味も違って見えてくるはずです。社会で統計などが提示された時、一

部だけを見るのではなく、全体から分析する能力が求められます。そういう時に構造主義的な思考が役立つのです。

最後は因果関係です。物事にはなんでも原因と結果があって、それらが理屈でつながっているということです。火のないところに煙は立たないという時、煙が結果で火が原因だと位置づけられています。火が存在したから煙が出ている、つまり結果には必ず原因があるということです。これは国語の問題でも常に求められてきますし、算数でもそうです。数学の証明問題などは、まさにこの因果関係を解き明かす問題だといってもいいでしょう。

繰り返しますが、もちろんこの五つ以外にも、知っておいたほうがいいものはたくさんあります。ただ、小学生が論理を駆使して思考するには、これらがまず基本だということです。あとは必要に応じて本書でも随時紹介していきたいと思います。

問題解決のための思考実験

究極の選択

こんな質問を聞いたことはありませんでしょうか？　あなたはトロッコ電車の運転手だとします。すると急にブレーキがきかなくなりました。そのまままっすぐ行くと五人の作業員をひいてしまうことになるのですが、ハンドルを回して待避線によけると、一人の歩行者をひくだけで済みます。さて、どちらを選びますか？

これは困りますよね。まっすぐ行くと五人をひいてしまう。だからといってわざわざハンドルをきって一人をひくのも抵抗がある。それでもたいていの人は、悩んだ挙句五人の命を救うことを選びます。できるだけたくさんの命を救いたいからです。

では、次のようなケースはどうでしょう？　先ほどと同じようにブレーキのきかなくなったトロッコ電車が五人の作業員めがけて走ってくるのは同じです。ただ、今度はあなたは運転手ではなく、橋の上からたまたまその様子を目撃したとします。そしてふと横を見ると、太った男が立っている。もしその男を突き落とせば、電車を止めることができます。反対に何もしなければ、五人が死んでしまいます。さて、どうしますか？

これについては、ほとんどの人が何もしないことを選びます。理由をきくと、わざわざ太った男を突き落とすことに抵抗があるからです。でも、よく考えてみると、最初のケースだって、わざわざハンドルをきって一人の男をひくのですから、なんら変わらないはずです。もし直接人に触れることに抵抗があるというのなら、ハンドルを回すと太った男が落下する仕組みになっていたとしたらどうでしょう。結論が変わるのでしょうか？

これは有名な「トロッコ問題」という思考実験です。最初に提唱されて以来、様々なバリエーションが生み出され、世界中で議論されています。日本でもハーバード大学のマイケル・サンデル教授が、NHKの「ハーバード白熱教室」の中で紹介して有名になりました。関連本もたくさん出ており、これを裁判仕立てのフィクションにした『「正義」は決められるのか？』では私も監訳を担当しています。

考えることが重要

ちなみに、トロッコ問題のポイントはこうです。最初のケースでは多くの人が命の数を重視するため、ハンドルをきって待避線に行くことを選びます。ところが、二つ目のケースでは、積極的に人を殺さないということを重視するため、何もしないのです。つまり、二つのケースで判断基準が異なってしまっているのです。その結果、最初のケースでは五人の命を救うといった人が、二つ目のケースでは五人を見殺しにする選択をしてしまいます。

感覚に従うとこんな結論になってしまうのですが、論理的に考えれば、命の数を重視する場合には、二つ目のケースでも太った男を落とさなければ一貫しません。逆に二つ目のケースで何もしないなら、最初のケースでも何もしないという選択をしないと一貫しないわけです。

命の数を重視する考え方を功利主義といい、わざわざ人を殺さないということを重視する考えを義務論とかカント倫理学といいます。ただ、思考実験では結論がどうということではなく、**二つの相容れない価値のはざまで悩むことが重要なのです**。もちろん、思考実験にはいろいろあるので、二つの価値にかぎった話ではありませんが。

中には、こんなバカげたケースを考えても意味がないという人もいます。でも、そういう話ではありません。**要は簡単に答えの出せない悩ましい問題を前にして、どうすればいいのか真剣に考える**。これが大事なのです。イギリスの名門大学が入学試験に課した思考実験をまとめた本があります。『ケンブリッジ・オックスフォード合格基準』という本です。この中で著者のジョン・ファーンドンは、本書の意義についてこんなふうにいっています。「私が目指しているのは出題された問題が導く解答の可能性をさらに広げること――そして読者に思考の栄養をお届けすることだ」と。

アタマに武器をつくる

あれこれと可能性を考えることで、頭の中にいろんな回路が形成されます。その回路は次に似たような問題に出くわした時に、すぐに使える武器となるのです。それをファーンドンは「思考の栄養」と表現しているのです。そんな栄養をたっぷり蓄えることで初めて、とっさの事態にも素早く対応できるようになります。

なぜなら、実験という名のとおり、こうした悩みは人生の中で本当に出くわす可能性があるからです。だから本番に備えておく必要があるわけです。私が小学校などで話をする時は、リアリティをもたせるためにこんな例を使います。腐った牛乳をクラスの全員が飲もうとしている時、同時に職員室では担任の先生が同じ牛乳を飲もうとしている。君だけがそれを知っていて、どちらか一方がけを救えるとしたら、どっちを救う？　なんていうのです。これは盛り上がります。

何を隠そう私自身も、本当に思考実験が試される事態に出くわしたことがあります。ある雪の日、車を運転していると、スリップしてブレーキがきかなくなったのです。その瞬間、前から車が来ました。何人乗っているかはわかりません。でも、ハンドルをきると、確実に一人の歩行者をひいてしまう。さて、どうするか？　頭の中にトロッコ問題がよぎりました。私は日ごろから、大事なのは人数ではないと考えていたので、そのまま進みました。すると運よく対向車がよけてくれたのです。九死に一生を得ました。

思考実験は学校の試験だけでなく、人生を決することさえあります。だから日ごろから取り組んで、思考に栄養を送っておかなければならないのです。そ

の重要性がおわかりいただけましたでしょうか。

親子で勉強をする時の心得

勉強を一緒に楽しむコツ

ちょうど今、私の子どもは小学生です。三年生と六年生、つまり中学年と高学年です。上の子の勉強はずっと見てきたので、私の頭には小学校の全学年の全科目がインプットされています。その経験から書かせてもらうと、親子で勉強をするのにはコツがあります。もちろん一緒にやるだけで十分なのですが、少し工夫するとより効果があります。

一言でいうと、一緒に楽しむということです。勉強は形だけやってもなんの意味もありません。まぐれで正解しても意味がないのと同じです。この点について、カリスマ家庭教師の西村則康さんは、『中学受験は親が9割』の中で次のようにいっています。「学習の目的というのは『終わらせること』ではありません。落ち着いてきちんと問題を読み、ていねいに解いて正解に行きつき、それを自分でチェックして、『ちゃんと理解できた』という経験を積み重ねていくことです」と。

まさにその通りだと思います。理解することこそが大事なのです。ところが、子どもは面白くないことはやりたがらないので、早く終わろう終わろうとします。そんなことではきちんと理解することなどできません。**だから逆転の発想で、勉強を面白くするのです。親はそのために工夫をする必要があります。**ただ教えればいいというものではないのです。

では、どうすれば面白くなるか。ポイントは二つあります。一つ目は勉強をゲームにしてしまうことです。子どもはゲームが大好きです。そして幸い何事もゲームにすることができます。具体例はあとで科目別に紹介したいと思います。二つ目は、自分も楽しむことです。子どもは親が楽しんでいるか敏感に察知します。そして一緒に遊んでいるように感じさせることができたらこっちのものです。親があくびをするようでは台無しです。

そのためには、**自分も一緒に問題を解くライバルになるのが基本です**。ゲームはプレーヤーにならないと面白くありませんから。しんどいと思わず、ぜひ学び直しだと思って楽しんでください。実際、やってみると新しい発見があって楽しいものですよ。以下では、科目別にもう少し詳しくお話ししていきたいと思います。

科目別のコツ

国語については、一緒に解いた後、答え合わせの時にもう一度一緒に頭から問題文を読んでいきます。その際、問題文を親子ならではのコミュニケーションの話題にするのです。これは塾や家庭教師にはできないことです。少年少女が主人公の随筆なら、お友達を当てはめて、「この子、○○君みたいだね」とかいって、関心をもたせるのです。問題を解く時は子どもも集中していますが、解説の段階になるとどうしても受動的になってあくびが出がちです。だから**関**

心をもたせることが大事なのです。

また、**ことわざや熟語は、必ず身近な例を使って例文をつくらせてください。**これが一番記憶に残ります。できればユーモアのあるものがいいでしょう。予備校の先生が下品なネタを使ってニュースになりましたが、親子間なら多少許されるでしょう。小学生の男の子はうんちの話とかが大好きですから。

算数については、一緒にパズルを解くゲームにしてしまいます。そうするとこんなに面白いゲームはありません。図形の問題は特にそうです。私は、小学校の算数は天才を生むゲームだと思っています。中学や高校で公式に当てはめて解くのとは異なり、そういうものが使えないだけに、かえって物事の原理にさかのぼって考えさせるところがあるからです。

そこで、**あえて算数を頭の体操のツールとして活用するのです。**具体的には、**複数の解き方を考えたり、答えを見た後も、一緒に大胆でユニークな解き方はないかさらに考えます。**そうした中で法則が見つかったり、意外な発見があったりするのです。何より頭が鍛えられます。小学生のうちはせっかく頭が柔らかいのですから、ただの機械処理だけに時間を使っていてはもったいないと思います。この方法で算数嫌いとも無縁になるでしょう。

理科については、できるだけ実験をすることです。理科の実験はやってみると面白いことばかりです。ほとんどマジックの世界といってもいいでしょう。それを紙の上で見て計算ばかりしているから面白くないのです。だから多少時間はかかっても、できそうな実験ならやればいいのです。実験道具がない場合は、完璧にやる必要はありません。大事なことは、**理科が立体的で、生きた学問であることを感じさせることです**。平面の死んだ学問をやりたいような子どもは一人もいないでしょうから。

どうしても難しければ、最低限YouTubeで実験をしてくれているような動画を見せる。こういうのはたくさんあります。そして新聞などで関連するニュースがあれば、その話が理科のどの知識と関連しているか言及するようにすることです。子どもたちが理科を見る目が変わってくるはずです。

社会については、覚えることが多いと思いますが、これはもう徹底的にクイズにすることです。**暗記問題とクイズはまったく同じなのに、面白さはまったく異なります。そして学んだ知識をことあるごとに出題してください。**そうすると、勉強時間中に覚えるのもクイズ大会の続きに思えてきて、苦痛でなくなります。

あと、最近は英語も大事なのですが、これについては別のところでお話ししたいと思います。最後に一言。ここまで書くとなんだか大変そうに感じるかもしれませんが、もちろんできる範囲でいいと思います。親がしんどくなってしまっては子どもに伝染しますから。まずは楽しみましょう！

1

論理力のポイント

物事を順序よく考える習慣をつけ、
論理力を身につけよう

日ごろからいろいろな可能性を考え、
アタマに使える武器をつくっておこう

2

好奇心力を鍛える

好奇心は思考の入り口

「子どもスイッチ」

絵本作家の荒井良二さんをご存じでしょうか？　子ども心をくすぐる数々の名作を生み出している方です。荒井さんの絵本が子どもたちに受ける理由は、彼が「子どもスイッチ」を押して子どものような心をもつようにしているからだそうです。

以前テレビで見たのですが、荒井さんはそんな子どものような気持ちになって散歩をします。そうすると、なんの変哲もない光景の中に、面白いものが見つかるのです。たしかに子どものころは、なんでも面白く思えたものです。変な形の石ころがあれば、ふと立ち止まりつまんでみる。そして「なんでこんな形なんだろう」と考える。最後はそれをポケットに入れてもち帰るのです。そんな経験、皆さんにもあるのではないでしょうか。

大人になると、石ころはただの石ころで、多少変な形をしていようが、そんなものには目もくれなくなります。そうすると、「なんでだろう？」と考える機会をもてなくなってしまうのです。

別に無理に考えなくても、そもそも大人は忙しくて、考えることがいっぱいだという人がいます。でも、そのほとんどは考えるというより、悩むだけだったり、機械的に情報を処理しているだけだったりします。あるいは、**考えているにしても、論理的思考ばかりで、創造的思考がまったく欠けていたりするのです。いわゆる右脳が使われていない状態です。**

だから**思考力をつけるには、逆に散歩をしながらなんでも不思議に思うよう習慣づけていけばいいのです**。子どもが何か気にしているのに、「早く行くわよ」とかいって手を引っ張ってしまってはいけません。これに関してイギリスの哲学者ラッセルが、『幸福論』の中で面白いことをいっています。シャーロック・ホームズは、落ちている帽子を見ただけで、「その持ち主は酒で身をもちくずし、妻はもう昔ほど彼を愛していない」などと想像できるというのです。

あのホームズの思考力は、そんな好奇心から生まれていたのです。落ちている帽子を見て、「あ、帽子だ」としか思うことができなければ、探偵は務まりません。子どもが天才シャーロック・ホームズのようになるためには、**なんの変哲もないものに興味をもつ能力を養わなければならないのです**。そして、この能力は訓練によって十分養うことが可能です。

想像する訓練

たとえば私は、よく子どもたちに抽象的な絵しか描いていない本の表紙を見せて、中身を想像させます。すると彼らは、最初こそ困った顔をしますが、次第に何かと結びつけて答えを出し始めます。もちろんこれは正しい答えを導くための訓練ではありません。答えはなんでもいいのです。ここでのポイントは、

あくまでなんの変哲もないものに興味をもつ練習です。そのためには、視線を対象に固定し、普通のものの奥にある普通でないものを見るようにしなければならないのです。それはもう頭で考えないと見えてこないものです。赤い表紙？　少し古ぼけてるな。もしあの表紙をめくったら……。なんて想像を膨らませていくのです。

あるいはこんな訓練もします。子どもたちが集まっている部屋で、突然こういうのです。「さあみんな、この部屋で何か面白いものを発見して」と。といっても、何もない普通の部屋です。たいていは学校の教室か体育館です。日本の場合、学校の教室はおそらくこの世で一番つまらない部屋です。

この場合もまた、子どもたちは困惑してキョロキョロあたりを見回すだけですが、やがて何かを発見し始めます。体育館の舞台の幕を、巨人のドレスのようだといった子もいました。いつも見慣れている幕ですよ。それが巨人のドレスだなんて、まるで突然物語の世界に入り込んだみたいじゃないですか！　これぞ好奇心のなせる業です。おそらくその子には、もうほかのものもすべて変てこなものに見えていたに違いありません。**なんの変哲のないものから、なんとも変てこなものへの劇的な転換。**

学校がいくらつまらない場所でも、教科書がいくらつまらなくても、それを最高に面白い場所、最高に面白い本に変えることは可能なのです。それには子どもたちをもっと主体的にさせる必要があります。**つまり、好奇心をもたせて、自分から興味を抱くように仕向けるのです。**

「ようこそ　落ちこぼれカレッジ（ACCEPTED）」（二〇〇六年・米）というコメディ映画があります。どの大学にも入れなかった落ちこぼれたちが、自分たちで大学をつくる物語です。もちろん教師はいないのですが、自分たちがそれぞれ得意なことをボードに書き、お互いに好きなことを学び合います。スケートボードの得意な人はスケボーを、ヨガの得意な人はヨガの授業を開くのです。そしてそこに興味のある子たちが集まってきます。

正直B級のコメディ映画なのですが、私はこれを観た時、まさにそこに理想の学校の姿を垣間見たように感じました。そして人間はホモ・ルーデンス（遊ぶ人）だといったオランダの歴史家ホイジンガや、遊びの概念をさらに詳しく分類したフランスの哲学者カイヨワのことを頭に浮かべました。

そうなのです。**人間は遊びだと思うと急に好奇心を抱き、自ら積極的に取り組むようになるのです。そうして、自然と物事を考えるようになります。**好奇心は思考の入り口です。決して入り口を閉ざしてしまってはいけません。

問題発見力がカギ

あらゆることに「問題」が潜んでいる

ニュースを見て驚くことがあります。たとえば、深刻な問題が長年放置されていたと報じるニュースです。大企業が長年不正経理を行っていたとか、有害な物質が垂れ流されていたとか。「なんでこんなことが長年放置されてたの？」と思わず首をかしげてしまいます。

実は、**あらゆる事柄には「問題」、つまり問題点が潜んでいるのです**。でも、ぼけっと過ごしているからそれが見えないのです。世の中で「問題」とされている事柄は、すでに表に出てきているものだけです。そして困ったことに、それは氷山の一角に過ぎません。

そんな馬鹿な！　と思う人は、今の世の中が完璧かどうか考えてみればすぐわかると思います。完璧であれば、おそらく問題などないでしょう。でも、実際には世の中には不便なことがいっぱいありますね。不満なこともあります。それはつまり問題ととらえることができるのです。ただ、問題という名前がついていないだけです。

不便なことや不満なことが問題だというのは、比較的わかりやすいと思います。では、こうしたらもっとよくなるのにと思うことはどうでしょう？　たくさんあるんじゃないでしょうか。毎朝気持ちよく目覚められたらいいのにとか、この世から病気がなくなればいいのにとか、地震が起きなければいいのになんて思ったことはありませんか？　いずれも仕方のないことではありますが、もしかなえばすごくいいですよね。実はそういうのも全部問題だといえます。

日ごろ仕方ないと思っていることでも、見方を変えると問題になり得ます。これは対象をぼけっと見ているだけではなく、あくまで解決すべきターゲットとしてロックオンすることで可能になるのです。

そんなふうに、世の中には問題があるという前提で、それを探し出して課題として設定し、問題の解決によって新しい価値を生み出す学問があります。「デザイン科学」です。聞きなれないかもしれませんが、私の勤務する学部ではこの学問を専門として位置づけています。もともとはスタンフォード大学のd-schoolなどが発展させてきた欧米の学問なのですが、日本でも徐々に広まりつつあります。

私はこれを人に説明する時に、問題解決学だと説明しています。問題を解決するからには、まず問題を発見する必要があります。そこがカギです。問題が見つからなければ、そもそも問題を解決することはできませんから。

そうして問題を解決した後は、それによって新しい価値を生み出します。新しい生活を生み出すといってもいいかもしれません。**この問題発見から新しい価値を生み出すところまでの一連の流れを、科学的手法を用いて設計する**のがデザイン科学なのです。だからデザインといっても、色や形のデザインという意味ではなくて、問題解決のデザインのことを指すわけです。

いろいろな角度から見る

この一連のプロセスの中でも、私は問題発見の部分が一番大事だと思っています。**解決すべき問題が間違っていると、いつまでたっても本当の問題は解決されないからです。**つまり、カゼをひいて熱が出てるのに、お風呂につかり過ぎたのが問題だと誤って設定してしまうと、お風呂に長く入らないようにする方法を考え始めてしまいますよね。その結果、お風呂に長くつかり過ぎる問題は解決しますが、熱は下がりません。問題はカゼのウイルスなのですから。問題発見がカギというのはそういう意味です。要は入り口を間違ってはいけないのです。

では、どうすれば入り口を間違わなくて済むか？　これもやはり好奇心と関係しています。**好奇心が旺盛だと、いろんな物を見ようとします。あるいは、いろんな角度から物を見ます。だから問題が見つかるのです。**箱にミカンが入っている時、上から見た時はきれいですが、下はカビだらけなんてことがあります。あれはミカンを取り出して下から見た時初めてわかることです。それと同じことが社会全体にもいえるのです。したがって、デザイン科学は好奇心から始まるといっても過言ではないでしょう。

また、デザイン科学は新しい価値を生み出すという意味で、イノベーションの学問だといわれることもあります。イノベーションとは、新しい技術や考え方によって新しい価値を生み出すことです。電話をスマートフォンに変えた技術、アイドルを気軽に会いに行ける存在に変えた発想などがその例です。

行き詰まる今の社会を変えるのは、そんなイノベーションしかないとさえ主張する人もいるくらいです。新しい技術や考え方が、社会を変える。夢があって、素晴らしいことですよね。でも、その第一歩は何かというと、問題発見なのです。言い換えると、**「問題」はイノベーションの種でもあります。ぜひ好奇心をもって、周囲を見渡してみてください。**きっとイノベーションの種が埋もれているはずですから。

集中力は夢力に比例する

夢中と集中

一つのことを成し遂げるために、一番大事な能力は何か？　それは集中力だと思います。自分が勉強している時のことを思い出してください。最近勉強していないという人は、昔試験前に勉強していた時のことでもいいです。試験の前日、すごく眠いのに勉強しなければならない。そんな時に集中できるでしょうか？

きっと眠くて集中できませんよね。その結果、やったことを何も覚えていないとか、ものすごく効率が悪いということになるのです。逆に、たとえ短い時間でも集中さえすれば、すぐに覚えられたり、すぐに終えたりということが可能になります。

では、そんな集中力をどう鍛えたらいいのか？　これは自分がどんな時に集中するかを考えてみればすぐわかると思います。私の場合は夢中になっている時です。夢中と集中は似ていますが、少し違います。**集中はただ何かに没頭している状態ですが、夢中にはその対象が好きで没頭しているというニュアンスが含まれるのです。**

読書させることで子どもたちの成績を劇的に上げているドナリン・ミラーは、著書『子どもが「読書」に夢中になる魔法の授業』の中でこんなエピソードを紹介しています。

ホープが必要としていたのは、幅広いジャンルの本にふれて、自分の好みを知ることでした。それまでは、好きな本に出会っていなかっただけなのです。

はじめはやる気がなくて、いつも窓の外を見ながら授業の終わりを待ちわびていたような彼女でしたが、その年の終わりにはすっかり本が大好きになっていました。

これは本が嫌いだった女の子ホープが、好きな本に出会って、それ以来本を夢中に読むようになったという話です。好きになるから夢中になれるのです。逆にいうと、なんでも好きになれば夢中になれます。その結果、集中できるのです。**集中力は夢中力に比例するといっていいでしょう。**

だからうちの小学生の子どもたちにも、本は自分で選ばせるようにしています。こちらが読ませたい本を買ってきたり、図書館で借りてきたりしていたのですが、なかなか読んでくれません。たまに義理で読んでくれたとしても、時間がかかるのです。その反対に、自分が図書室で借りてきた本は、あっという間に読んでしまいます。それどころか、声をかけても気づかないくらい集中して読んでいます。やはり好きかどうかが大事な要素なのです。

好きな学び方を見つける手助け

ということは、学校の勉強も好きなものを選ばせればいいのですが、そういうわけにはいきません。選ばせることができるのは、**好きな学び方だけです。好きな学び方を見つければ、子どもたちはひとりでに勉強するようになります。**わざわざ「勉強しなさい」なんていわなくていいのです。

だから私たち大人がすべきなのは、好きな学び方を見つける手助けをすることだけなのです。たとえば、歴史の勉強をする時も、漫画が好きなら徹底的に漫画でやればいいと思います。無理に教科書を読ませて集中していないより、よほど得るものがあるからです。それに最近の漫画はかなり詳しく描いてくれているので、十分勉強になります。

今、読書の話をしてきましたが、読書は集中力を養うのに最高のツールでもあります。好きな本を見つけて、それを夢中で読むことによって、集中力が養われるという好循環が生まれます。なにしろ読書には基本的に文字しかありません。文字を読むには、積極的にそれを解読するという能力が求められます。ただの記号の意味を頭で考えて解読するわけですから、当然集中力が鍛えられるのです。ぼけっとしていると何も頭に入ってきません。

これは受動的なメディアであるテレビとは正反対です。もともとテレビ番組は、リビングやキッチンで何かをしながらでも理解できるようなつくりになっています。だから集中力など不要なのです。テレビばかり見ていると馬鹿になるなどといわれますが、あれはある意味で本当です。**テレビも効率的に情報を得るには有効ですが、そればかりではなく、同時にしっかり本を読む習慣をつけないと、集中力が失われてしまうのです。**

知を鍛える経験

ドイツの哲学者ヘーゲルは、意識が様々な経験を経て「絶対知」に到達すると論じています。絶対知というのは、完璧な最高の知みたいなものです。いってみれば、神様レベルの知です。ここでのポイントは、人間の意識は経験を経てそこまで到達可能だという点と、経験が意識を成長させるという点の二つです。

これを読書に当てはめると、**読書は子どもたちにとって知を鍛える貴重な経験だといえます。**だから読書をすればするほど知が鍛えられるのです。そしてそれは絶対知とまではいわずとも、どこまでも成長するはずです。もちろんこの知には集中力も含まれます。ノーベル賞をとるほどの研究には、並々ならぬ集中力が求められます。そんなすごい集中力を体得するには、読書に夢中になることです。

そう考えると、本を読む子どもの成績がいいのも納得がいきます。**よく読む子は、そこから単に知識を得ているだけでなく、集中力を養っているのです。**そしてその能力を別の科目にも生かします。さあ、早く夢中になれる本を見つけるお手伝いをしてあげてください。

毎日を驚きの連続に

驚くと記憶に残る

この章では好奇心力を鍛える話をしてきました。好奇心をもつことで、想像し、問題を発見し、考え、夢中になれるからです。そして好奇心をもつためには、何事にも興味を抱くことが大事だというお話をしました。そのための訓練方法についても紹介しました。

でも、もし毎日が驚きの連続だったらどうでしょう？　そんな訓練も必要ありませんよね。人は、驚けば「なんだろう？」と自然に興味をもちますから。フランスの哲学者デカルトは、『情念論』の中で驚きについてこんなことをいっています。

「驚きについては特に次のことが言える。驚きが有益であるのは、それまで知らなかったことをわたしたちに学ばせ『記憶』にとどめさせることだ」と。**驚くと記憶に残る。これは私たちの日常の感覚からもわかると思います。そして興味をもつのです。**

そこで私が提案したいのは、毎日を驚きの連続にすることです。そうすれば、常に好奇心をもって生きることができます。実は赤ちゃんはそんな毎日を送っています。赤ちゃんにとってはすべてが新鮮なのです。だから見たもの聞いたものすべてを吸収します。しかもものすごいスピードで。

よく子どもの頭はスポンジだといいますが、なんでも吸収し続けるスポンジ頭を維持するには、赤ちゃんのように驚き続ける必要があるのです。大人になると変に納得してしまい、勝手な理屈をつけて驚かなくなります。と、同時に好奇心ももたなくなるのです。

では、どうやって毎日を驚きの連続にするか？　先ほどもいいましたが、これは訓練ではありません。環境の話です。**驚き続けるための環境を用意するの**

です。訓練の場合はなんの変哲もないものに興味をもつよう働きかけがいりました。でも、驚くための環境を整えるには、本当に驚かせる必要があります。

たとえば、刺激的なところに連れて行くとか、刺激的なものを見せる、そして刺激的な話をするということです。そういうものがない時でも、刺激的に話すだけでだいぶ違ってくるでしょう。

刺激的なところというのは、年齢などによっても異なりますが、初めて行くところはたいてい刺激的です。だからできるだけ自分が行くところには連れて行くといいでしょう。日本ではまだまだ仕事場に子どもを連れて行くのはよくないという風潮がありますが、欧米では普通のことです。そしてその経験が、子どもたちに刺激を与えるのです。

刺激的なものを見せたり、話したりするのも同じです。有害なものは避けるべきですが、そうでない限りできるだけ見せて驚かせるのがいいでしょう。多少問題があるものでも、きちんと説明してあげればいいのです。それをせずに外で見てショックを受けるよりよほどましです。

サプライズ効果

ショックと驚きは大きく異なります。ショックというのは、前述のデカルトにいわせると「驚愕」に当たります。そして「驚愕は度の過ぎた驚きであり、結局悪いものでしかない」のです。それは対象への興味を掻き立て、思考の端緒となるどころか、むしろ対象について何も考えられなくする効果をもたらします。

最近はいい驚きに対してサプライズという言葉をよく使いますが、**驚きがサプライズであるのに対して、驚愕はショックにほかなりません。だからサプライズを用意しなければならないのです。**それなら何もなくても、物のいい方次第で実現可能です。

私もよくやるのですが、同じ物事を説明するのにも、普通に伝えるだけなのと、サプライズを意識してやるのとでは大違いです。子どもが絵の具で何かを書いている時に、「絵の具はね、油でできてるんだよ」なんていっても、「ふ～

ん」で終わってしまいます。ところが、「昨日天ぷら食べたよね？　この絵の具はね、あれと同じ仲間の油でできてるんだよ」というだけで、「えっ！」となるのです。そして子どもは驚きと共に質問をしてきます。「じゃあ絵の具は食べられるの？」というふうに。

まぁ、絵の具は石油でできていますから、同じ油でも天ぷらのように食べるわけにはいきませんが、**少なくともいい方ひとつで好奇心を引き出すことができるのです。つまり、いきなり答えをいうのではなく、意外なことをいうのがポイントです**。最初は「何？」と思わせておいて、ジャジャーンと答えを出す。

個人的にはジャジャーンよりも英語の「タダー」のほうが好きなので、私はこれを「ただのタダー効果」と呼んでいます。言葉だけでお金を使わずに、ただでサプライズが得られるという意味です。こうして赤ちゃんみたいな毎日を送るのが理想なのです。

2

好奇心力のポイント

いつも見過ごしてしまうものに
興味をもち、考える習慣をつけよう

常に驚きと発見がある環境に
身をおくようにしよう

3 批判力を鍛える

疑うことは思考のファーストステップ

物事の本質を見い出す

哲学とは何か？　唐突ですが、ここで改めて哲学の定義をしておきたいと思います。もうすでにいろんな角度から哲学の話をしているわけですが、本章では哲学にとってとても大事な要素を扱います。そこで、哲学の定義から確認しようというわけです。

哲学とは、批判的、根源的に物事の本質を探究することだといっていいでしょう。目的は物事の本質の探究です。そしてそのための手法が批判的、根源的だということです。根源的にというのは、**徹底的に問いを繰り返して、本質に迫っていくことを意味します。そして批判的にというのが、本章で取り上げ**

る重要な要素です。

ごく簡単にいってしまうと、疑うということになります。というのも、物事の本質は常に隠れているからです。その隠れているものを暴き出すには、疑うよりほかありません。特に一番最初の段階で疑うのが大切で、かつ難しい部分です。当たり前に見えるものを疑うのは至難の業だからです。よっぽどひねくれているか、疑い深い人は別ですが、普通は疑うという営みに抵抗を感じるものです。

そこで私は、訓練のためによくこんな問いを投げかけます。リンゴの写真を見せて、「これを疑ってください」というのです。子どもたちは一瞬言葉を失いますが、「これがリンゴじゃないとしたら何だろう？」と言い換えると、面白がって変なことをいいだします。サクランボだとかトマトというのは序の口で、そのうちキュウリだとか僕の気持ちだとかいうようになるのです。

ここでのポイントは、どれだけ頭を柔らかくできるかです。そうでないと当たり前に見えるものを疑うことはできません。**常識を疑うことで初めて、哲学**

は可能になるのです。みんながもっともらしくいっていることの嘘を暴いて、正体を探り出す。これが哲学です。

哲学とメディアリテラシー

いわゆるメディアリテラシーに少し似ているかもしれません。メディアリテラシーとは、メディアを読み解く能力のことです。テレビや新聞の報じ方にはバイアスがあります。純粋に客観的なメディアなど存在しないという人もいるくらいです。人間が報じる以上、その人の主観が入るのはやむを得ないでしょう。でも、それでは本当のことを知ることはできません。

よく例に挙がるのが、デモ隊と機動隊の衝突する場面です。これはどちら側から撮るかで、善玉悪玉が入れ替わります。向かってくるほうが悪く見えるのです。それを恣意的に利用するメディアもあります。だからメディアリテラシーが求められるわけです。

テレビや新聞は日ごろ正しいと思い込んでいますから、疑うのには訓練が必要ですが、一度そういう習慣がついてしまえばこっちのものです。そしてその習慣は、メディアに限らず、政治家の言動への懐疑でも哲学における懐疑でも、すべて共通しています。**その意味で、哲学をしっかり身につけておけば、メディアリテラシーにも役立つのです。**

疑った後に思考を始める

これで疑うことの大切さについてはよくわかっていただけたかと思いますが、忘れてならないのは、疑うことが最終目的ではないという点です。これはあくまでファーストステップに過ぎません。なんのファーストステップかというと、思考のです。**疑った後は、しっかりと考える必要があるのです。そうでないと、ただの懐疑主義に陥ってしまうからです。**何もかもが疑わしく思えて、迷路にはまり込んでしまいます。

さんざん疑った後は、そこから思考を始めなければならないのです。そのために求められるのは、決して疑えない確固たるものです。それがないと、すべてが疑わしいということで終わってしまいます。でも、決して疑えないものなんてどうやって探したらいいのでしょうか？

この点デカルトは、**あらゆるものを片っ端から疑うことで、決して疑えないものを探すというとんでもない方法を思いつきました**。そしてそれを本当に実践したのです。暗い部屋に閉じこもり、目の前の机は存在しないかもしれないとか、人間は機械かもしれないとか、自分は夢を見ているに過ぎないんじゃないかとまで疑いました。その結果、仮にそれが夢であるにしても、こうして自分の意識が今疑っているのは確かであって、その意味で自分の意識だけは疑えないという結論に至ったのです。これを方法的懐疑といいます。

この自分の意識だけは疑えないということを、「我思う、ゆえに我あり」と表現したわけです。以来、哲学の世界ではそんなデカルトの発見を踏襲して、皆自分の意識だけは決して疑えないという前提で、それ以外のものを疑っています。さあ、皆さんも自分を信じてどんどん疑ってください。リンゴに向かって堂々と、「お前はリンゴじゃない」といえたら合格です。

批判とは吟味すること

ポジティブな批判

さて、これでまず疑うということの意味と意義については、理解していただけたかと思います。ただ、すでに書いたように、批判的思考は疑って終わりというわけではありません。**疑うことによって見えてきた様々な可能性を、今度は吟味していくという作業が必要になります。**そこまでできて初めて、批判的思考と呼べるのです。

私たちが日常使う批判という言葉の意味は、相手にダメ出ししたり、間違いを指摘したりというネガティブなものだと思います。これに対して、**哲学における批判は、決してそのようなネガティブなものではないのです。むしろポジ**

ティブなものだといってもいいでしょう。だから先ほど、吟味という表現を使ったのです。

ドイツの哲学者カントは、そんな吟味のための哲学を完成させました。その成果ともいえるのが、三批判書と呼ばれる彼の一連の哲学的著作『純粋理性批判』、『実践理性批判』、『判断力批判』です。これらは各々「人間は何を知りうるか」、「人間は何をなしうるか」「人間は何を欲しうるか」を問うものです。つまり人間の本質とは何か、また人間の限界とはどこにあるのかを探究しようとする営みだといえます。

もちろんカントのいっていることはすべて重要なのですが、ここで私たちが学ぶべきなのは、物事を吟味するための方法です。その点からすると、『実践理性批判』で彼が提示する様々なテストは、吟味のお手本の一つであるといえるでしょう。

たとえばカントは、正しい行いは無条件にせよといいます。そしてまずその行いが正しいかどうかを吟味するために、こんなテストを課します。「あなたの意志の基準が、常に皆の納得する法則に合うように行為しなさい」と。**常にみんなが納得するから正しさが吟味されるというわけです。**

ただ、ここでもう一つ吟味すべき問題が生じます。それは、この原理によっても何が正しいかという中身までは確定することができないからです。たとえば、みんなが納得しているからといって、ちょっとしたことで人の命を奪っていいものでしょうか？　これについてカントはさらに、「人間を決して手段にすることなく、目的として扱いなさい」というテストを課します。これなら、**人間は常に目的なので、いかなる理由があっても命を奪うことはできなくなります。**

こうして**正しい行いを吟味したら、次はそれを無条件にせよという部分を吟味します。**いったいどうして正しい行いは無条件にしなければならないのでしょうか。ここでカントは、逆に何か条件が整えばやるということの妥当性を検討します。たとえば人命救助は正しい行いですが、お金をもらえるならやるというふうに、条件付きにしてしまったらどうでしょう。どう考えても妥当とはいえませんよね。だからそれではだめだというわけです。

最後にカントは、人間の自由という観点からさらに吟味を行います。正しいことは無条件にせよとはいったものの、それでは人間の自由が奪われてしまわないかと。でも、よく考えてみれば、お金につられて意志が揺らぐようでは、自由に決定しているとはいえません。それよりも、**あえて自分を律して、無条件に正しい行為をするほうが、自由だといえるのではないか。これが吟味の末にカントの出した結論です。**

いかがでしょうか、こうやって厳しいテストを課すことで、思考は磨かれるのです。これが批判的思考にほかなりません。カントは哲学のプロですから、非常にレベルの高いテストを課し、レベルの高い吟味を行っていますが、さすがに私たちはそこまでやる必要はありません。要は、それでいいかと自分に問いかけることが大事なのです。

悪魔の主張

Devil's Advocateという英語の表現をご存じでしょうか？　そのまま訳すと悪魔の主張という感じになります。簡単にいうと、あえて反対の内容を主張する行為です。つまり、誰かが何かをいえば、あえてそれと反対のことをいってつっかかる。あまのじゃくに似ていますが、ここではもっと建設的な議論の手法としてとらえてもらえばいいでしょう。

私もよく友人とやるのですが、自分の考えを吟味するために、あえて人に反対のことをいってもらうのです。「ああいえばこういう」をわざとやってもらうということです。「英語を公用語にすべきだ」と私がいえば、「でも、日本語が滅びるのでは？」と突っ込んでもらう。すると私はまた考えて、「日本語は学校でしっかりと教える」と答える。するとさらに、「学校で教えても、世界では英語を使う人が多いので、皆学校の外では使わなくなるのでは？」などといってもらう。

そういうことを延々繰り返すのです。普通なら少しは同意してもらったり、お互い協力して一つの意見にまとめ上げていくわけですが、あえて反対のことをいい続けてもらいます。あくまで吟味のためなので、これで関係が悪くなる心配はありません。

自分で反対の意見を思いつくのはなかなか困難です。普段私たちは、自分の意見が正しいと思い込んでいますから。でも、やっているうちに、自分でもできるようになるものです。ぜひ訓練してみてください。

クリティカル・シンキングのススメ

クリティカル・シンキングとは

クリティカル・シンキングという言葉を聞いたことはありますでしょうか？そのまま訳すと、批判的思考となります。ただ、これまでお話ししてきた批判的思考とは違って、しっかりとした方法論として確立されたものをこう呼ぶのです。たとえば、リチャード・ポールとリンダ・エルダーは、著書『クリティカル・シンキング』の中で次のように定義しています。「通常の思考をもとに、第二段階的な思考をすること」であると。

つまり、通常私たちが何かを考えた場合、その思考を第一段階のものとしたうえで、さらに第二段階としてその思考を自分でチェックし、修正を行うことを指しています。**再度間違ってないかチェックするということです。その際求められるのは、謙虚さです。**自分の思考は絶対正しいなんて思っていたら、間違いは見つかりませんから。そもそももう一度チェックする気にもならないでしょう。

ポールらはそうした謙虚さのことを「知的美徳」と呼んでいます。そしてこの美徳にはいくつかの種類があるといいます。列挙すると、知的謙遜（知らないということを認識する）、知的勇気（あえて意見を見直す）、知的共感（相対する視点を受け入れる）、知的誠実（ほかの考えに対しても自分と同じ判断基準を用いる）、知的忍耐（複雑な状況や挫折感を乗り越える）、根拠に対する自信（正当な根拠はそれだけの価値があることを認識する）、知的自主性（独自に考えられること）といったものです。

こうした態度をもつことで、自分の論理を守るためだけに使う自己中心的な弱い意味の批判的思考とは異なり、自他を公正に検討するために使う強い意味の批判的思考が可能になるといいます。他人の論理には厳しくても、自分の論理に甘いと、それは強靭な思考だとはいえません。自分の論理についても厳しい目を向けることで初めて、誰に対しても説得性をもつ意見が成立するのです。

クリティカル・シンキングの方法

では、クリティカル・シンキングを行うには、具体的にはどうすればいいのでしょうか？　この点、哲学者の伊勢田哲治さんは、『哲学思考トレーニング』の中で、次のような手法を提示しています。つまり、①議論の明確化、②前提の検討、③推論の検討の三つを経るというものです。そして「前提と推論を検討して共に妥当だと判定されたなら、結論も妥当だと一応認めてよい」としています。

たとえば、「日本人は農耕民族だから、日本では助け合うことが当たり前だ」と考えたとしましょう。よくイメージだけでこんなふうにいってしまうことってありますよね。これに対しては、①日本人が農耕民族であるということを理由に、日本では助け合うことが当たり前だという結論を導くという議論の流れを明確にしたうえで、②「日本人は農耕民族である」という前提がそもそも妥当なのかどうか、仮にこの前提が正しいとして、③この前提から推論が導き出せるかどうかを検討するということです。

先ほどのポールらの定義に照らすと、「日本人は農耕民族だから、日本では助け合うことが当たり前だ」というのが最初の思考で、それを吟味する①〜③のプロセスが第二段階ということになります。

手法については、もっと複雑なモデルやまた別の考え方もあるのですが、**まずはこのように自己の見解を再検討するプロセスだと理解していただければいいかと思います。より重要なのは、そうした発想を教育にどう生かすかです。**

まず国語などでは、一度自分の答え＝考えを出したうえで、さらにそれをクリティカル・シンキングで再検討するということができると思います。また、自分が何か意見を書く時にも使えます。これは国語の問題に限らず、作文でも、エッセーでもレポートでも同じです。物を書くということは、考えを文字にするということですから、常にクリティカル・シンキングを活用する機会があるはずです。

さらに、最近ではディベートやプレゼンテーションが教育現場にも導入されていますから、そうした機会には、**人から指摘される前にまずクリティカル・シンキングによって自分の考えをチェックしておく必要があるのです。**

逆に、どのような教育をすればクリティカル・シンキングが鍛えられるのかということですが、これに関しては、鈴木健さんが編著書『クリティカル・シンキングと教育』の中で、面白い指摘をしています。アメリカにおけるクリティカル・シンキングのルーツの一つが、「大学の1、2年次におけるリベラルアーツ教育」にあるというのです。

たしかに人間性などの基礎的教養を重視するリベラルアーツ教育では、前に触れた謙虚さや批判的精神についてしっかりと学びます。自己の考えを客観的に検証できるようになるためには、テクニックも大事ですが、やはりしっかりとした人間性を養うのが一番なのです。

評論のススメ

評論のできる人に

国語の問題には、評論文というジャンルがあります。ある物事や小説などの作品に対して、作者が評論を加える、つまり自分の意見を述べている文章のことです。たとえば文芸評論であれば、文学作品に対して、どこがいいとか悪いとか、背後にこういう意味が隠されているに違いないといった分析をします。

どうしてそんな評論文を国語の問題に出すのかというと、同じような分析ができる人間になってもらいたいからです。**教育の目標の一つとして、評論のできる人間を育てようとしているのです。とりもなおさずそれは、物事や作品を正しくかつ深く見抜く力を身につけさせるということです。**

これに似ているものとして、批評という言葉もあります。どちらかというと、これは文芸や芸術の分野で使われることが多い概念だといえます。批評の場合、単に作品に対して意見を述べるというのではなく、内容の是非や善し悪しを指摘することまで求められます。その点では、そこまで子どもたちに要求する必要はないのかもしれません。

そこで、ここでは広く評論のできる人間になるための方法についてお話ししたいと思います。**まず、そもそも評論する力が具体的にどう生かされるのかということについてです。**

世の中には評論家という仕事があります。軍事評論家や自動車評論家からグルメ評論家まで。ありとあらゆる分野に評論家がいるのです。しかもそれで生計を立てています。どうしてそのようなニーズがあるかというと、誰しも物事の正確かつ深い分析を求めているということです。

あらゆることを自分ですべて分析するというわけにはいきません。でも、自分がかかわっているもの、自分が興味をもっていることについては、そのような詳しい情報が欲しいですよね。それを提供してくれるのが、評論家という存在なのです。

そして私たちは、自分の仕事については皆評論家になる必要があると思います。言い換えるとそれは専門家、あるいはプロになるということです。**自分の仕事に関しては正確に分析し、深く理解している必要があるのです。そしてそれを言葉にして表現できるようでないといけないのです。**

別にそれを○○評論家と呼ぶ必要はありません。あくまで評論家になれるようなレベルの知識と分析力をもちましょうということです。

コメント力をつける

そして評論する力を身につけることでもう一つ役に立つのが、コメント力です。テレビのニュース番組には、必ずといっていいほどコメンテーターが登場します。ニュースにコメントをする人です。それはジャーナリストであったり、大学の先生であったり、時には芸能人であったりします。

どうしてニュースにコメントが必要かというと、視聴者に対して、より多様で深い見方を提供することができるからです。テレビの視聴者は、ニュースそのものを求めているのではなく、生きるために必要な知恵を求めているのです。だから生の情報だけでは不十分で、それをどう生かすかまで知りたいわけです。そこを提供してくれるのがコメンテーターです。私も哲学者として時々テレビのコメンテーターをやっているのですが、常にそうした視聴者のニーズを意識するようにしています。

そして実はこれは、日常の様々な場面においても求められているものなのです。たとえば、友達とランチをしたとします。自分が頼もうとしているものを相手が食べたことがあるとすると、必ず感想を聞きますね。「これおいしかった？」と。すると相手は「おいしいよ。でも、ソースがちょっと濃いかな」などと答えます。こうしたコメントを参考に、注文するかどうかを決めるのです。

つまり、私たちは常に誰かのコメントを頼りに生活を営んでいるわけです。そんな大げさなと思われるかもしれませんが、今はなんでもネット上にコメントがあふれていますから、すぐにコメントを得ることができます。物を買う時だけでなく、何かをやる時も、人生の選択をする時さえも。

そしてコメントの鋭い人に対しては、多くの人が群がってきます。時にはそれでお金を稼いでいる人もいます。**つまりコメント力は価値を生み出すのです。物事を正確にかつ深く分析したうえでのコメントは、もうれっきとした評論ですから、やはり評論の力が役に立つといえます。**

もっとも、テレビのコメンテーターを見ていてもわかるように、正確かつ深い分析だけではなかなか引っ張りだこにはなれません。何かプラスアルファの要素が必要なのです。たとえば、面白いとか、視点がユニークだとか、癒されるといったような。

瞬間的な反応も重要な要素ですね。限られた時間でとっさに気の利いたことがいえる能力。だからこういう能力に秀でたコメディアンが、コメンテーターとして人気があるのかもしれません。テレビの場合は、恰好が奇抜だとか話題性があるというだけでも人気が出たりしますが……。

とにかく、あの人のコメントが聞きたいと思わせるプラスアルファを自分で生み出すことです。それができるようになれば、引っ張りだこの人材になれることは間違いありません。

3

批判力のポイント

物事を疑ってみよう。そのうえで、
しっかり考える習慣をつけよう

コメント力をつけて
物事を正しく深く見抜く力を身につけよう

4 創造力を鍛える

創造アタマをつくろう！

創造アタマが成功のカギ

「ピカソ」と聞いただけでゾクゾクするほど、私はアートが大好きです。美術館巡りは数少ない趣味の一つです。知らない土地を訪問した時は、観光名所には行けなくても、美術館だけは訪問しますから。さらに、かつては美術部の顧問を務め、自ら油絵を描いたりしていました。そしてついには、ピカソに関する本まで出してしまいました。

では、なぜこんなにアートが好きなのか？　アート好きな人はだいたい同じような返答をされると思いますが、やはりあの創造性に刺激を受けるからです。

人間というのは、フランスの思想家パスカルがいったように「考える葦」であ

ると同時に、創造する存在でもあります。いや、思考の中に創造という要素が含まれるといったほうが正確かもしれません。

哲学は論理操作だと思われがちですが、フランスの現代思想家ドゥルーズのように、概念の創造だという人もいるくらいです。たしかに、哲学って新しい言葉をつくり出すのが好きですよね。「弁証法」だとか「アウフヘーベン」だとか。

私も大学院時代、論文ではいかにしてそうした新しい言葉をつくり出せるかがカギだというようなことを習いました。そしてこれまでずっとそれを実践することで、成功しています。最近では、創造を前面に押し出した「クリエイティブ・フィロソフィー」も提案しています。これについては後で改めて紹介したいと思います。

とにかく今の時代は創造的、つまりクリエイティブでないと、成功できないのです。クリエイティブであるということは、ほかの人とは違うということを意味するわけですから。同じことをやっていても、なかなかいい評価は得られません。言葉でもアートでも、問題の解き方でも仕事のやり方でも、これはすべての物事に当てはまる要素だといっていいでしょう。

最近は、なんでもロボットがやる時代になりつつあります。ＡＩ（人工知能）はますます進化し、人間並みの、あるいは人間以上の能力をもつに至っています。そんな中で人間が仕事をして、お金を稼いでいくためには、ロボットに負けない創造性を発揮するしかないじゃないですか。だから創造性が大事なのです。

とりわけ子どものころからそれを鍛えておく必要があります。子どもの頭は柔らかく、柔軟性があります。**物事をこうだと決めてかかる大人になる前に、できるだけ新しいものを生み出せる「創造アタマ」をつくっておかなければならないのです。**

創造アタマをつくるトレーニング

少しそのためのトレーニングについてお話ししておきましょう。私が日ごろ自分の子どもに対してやっているのは、いろんなものを何に見えるか尋ねるという方法です。変な形の葉っぱや雲などに始まり、身の回りにあるペットボトルやカバンなどなんでもいいのです。普通のものであればあるほど、想像力が求められ、いい訓練になります。ペットボトルのような決まった形のものが、それ以上何になるのかと思われるかもしれませんが、そこは想像次第です。これが人だと想像できれば、「寂しそうにたたずむ長身の男」だとか、あるいは形が変化することを想像できれば、「細長い花のつぼみ」だとかいうこともできるでしょう。

今、想像力と書きましたが、創造のためには想像が必要になってくるのです。**物をそのまま見るのではなく、それが動いたり、形を変えたところを想像してみる。その想像ができれば、新しいものを創造することはぐんと容易になります。**

そのためには、実際に手を動かしてみるのもいい訓練になるでしょう。物を様々な視点で見る癖がつきますから。以前、石をきれいに積み上げてアートのようにする「石積みアート」を見たことがあるのですが、最初に始めた方によると、人を待っている間、ふと足元の石を積んでみたらうまくいったのがきっかけだそうです。アートのネタはそのへんに転がっているのです。それをアートにするのも、ただの自然やゴミだと思って見過ごしてしまうのも、想像力次第です。

だから私は、マクドナルドなどに行くと、その包み紙や空き箱ですぐアート作品をつくるようにしています。子どもより食べるのが早いので、アートショーを始めて子どもを刺激するのです。そうすると、子どもも面白がってやるようになります。

子どもを対象にした講座などでは、言葉で創造性を試します。たとえば、なんの脈絡もないものを三つ挙げて、「これを全部足すと何になる？」といったような無茶な質問をしたり、「ただで世界一周するにはどうしたらいいか？」などというミッション・インポシブルをあえて課したりします。

大事なのは、面白がってできるようなお題を投げかけることです。子どもは

面白いものに取り組む時、脳が活性化します。だから遊ぶ時はあれだけハイになれるのです。そして面白いゲームのルールを考えたりします。みんなそのまま大人になったら、世界はもっと楽しい場所になるはずなのですが、どこかで創造アタマが頭打ちになってしまうのでしょうね。そうさせないためにも、日々頭をほぐしておく必要があります。身体が硬くなるのと同じですね。脳みそも身体の一部ですから、当たり前なのかもしれません……。

いかにはみだせるか

親子でハメを外す

先ほどピカソについて本を書いたといいましたが、なぜ数多くいる芸術家の中でピカソを選んだか？　それはピカソの生き方に惹かれているからです。彼はアートのために生きたといえます。絵を描く時は取りつかれたように描く。恋愛もしたいだけする。機械のようにまじめに生活しているだけでは、創造性なんて生まれてきません。

だからといって、子どもに破天荒な生き方を勧めるのは少し行き過ぎでしょう。そこまでは求めませんが、少なくとも多少はハメを外すことについて、寛容でないといけません。そうでないと面白くない人間になってしまうか、どこかで爆発しておかしくなってしまうかのどちらかでしょう。

爆発しても芸術家になるなどいい方向に行けばいいですが、ひきこもりや犯罪など、病的な方向に行ってしまった日には目も当てられません。だからある程度子どものころからハメを外すことの喜びを覚えさせておくほうがいいのです。そういうと、遊ぶ時は思いっきり遊ばせ、勉強する時はきちんとやるといったお行儀のいい話に聞こえるかもしれません。でも、私がいいたいのはそんなメリハリをつけるといった程度のことではないのです。

そうではなくて、**本当にハメを外すのです。それによって、こうあるべきという常識を身体ごと、人生ごと打ち破る。そんな経験をさせるということです。**いくら頭の中で常識を破ろうと思っていても、そう簡単にできるものではありません。五感をもった人間という存在には、五感でそれを感じさせる必要があるのです。

空を飛んだことのない人や、海を潜ったことのない人に、「想像してごらん。あれは気持ちいいよ」などといっても、本当に空を飛んだ感覚や海に潜った感覚がわかるわけがありません。だから本当に飛んだり、潜ったりさせないといけないのです。それと同じで、たとえば、頭に墨汁をかぶって自分の毛で習字を書く想像をしてみろなんていっても、想像とやるのとでは大違いです。そう、これもやってみるのです。

ばかばかしく聞こえるかもしれませんが、多分自分の中の創造性の壁が打ち破られるはずです。別にこれに限りません。なんでもいいのです。要は、**普通はやらない馬鹿げたことを、思い切って実際に親子でやってみることです。この親子で一緒にやるというのがポイントです。** なぜなら、子どもが置いてけぼりにならないからです。こういうハメを外した行動をする時は、当然精神的なショックも伴います。子どもの場合、そうしたショックがマイナスにならないよう、受け止めてあげる必要があるのです。

もしここで自分だけがやらされたら、子どもは置いてけぼりをくらったような気になってしまうでしょう。でも、親が一緒に楽しんでやってくれると、心強いのです。自分は間違っているという気持ちを抱くこともありません。殻を破ることに自信がもてるというわけです。

親が楽しむ

面白いことをする人の背景には、必ず面白い人生があります。特に若くして何かを成し遂げた場合、家庭の影響は大きいといえます。安保関連法反対のデモで話題になった学生運動の集団SEALDsをご存じでしょうか？　あのリーダーの奥田愛基さんが育ってきた環境は、やはりユニークでした。

『民主主義ってなんだ？』の中で本人が語っているところによると、お父様は犯罪を犯した人を家に招いて人助けをするような牧師さんで、そういう見知らぬ人がしょっちゅう家にいたといいます。そして自分でカリキュラムを考えるという一風変わった全寮制の学校に通ったり、被災地や世界中を歩いて回ったりと、そのへんの大学生とはちょっと違った青春を送ってきたわけです。彼がユニークになるのもうなずけます。

アニメ「巨人の星」の星一徹は普通じゃないお父さんに見えたと思いますが、

彼もまた息子と一緒に野球に関してハメを外していたのでしょう。そういう人、スポーツの世界には結構実在しますね。イチローパパやゴルフの石川遼選手のお父さんのように。そしてそのおかげで、ちゃんとスーパースターを生み出しています。

どの分野でも同じです。歌、踊り、勉強。親子でハメを外すことができた人だけが成功する。哲学もそう。イギリスの思想家J・S・ミルは、父親の英才教育によって、三歳の時にギリシア語を、八歳の時にラテン語や代数学や幾何学を学び、一〇歳の頃にはもう哲学の古典をすらすら読んでいたといいます。

英才教育というと、ネガティブにとらえる人も多いですが、決して悪い側面ばかりではないのです。**悪いかどうかは、本人が楽しんでやっているか否かで判断すればいいでしょう。そして本人が楽しむためには、親が楽しませる必要があるのです。**それが一緒にやるということです。趣味など親子で一緒にやっていることってありますよね。実はそれはお子さんの人生に大きな影響を与えているのです。

クリエイティブ・フィロソフィー

美術館で哲学を！

先ほど、私の提案する「クリエイティブ・フィロソフィー」について言及しましたが、ここで少し概要を紹介しておきたいと思います。なんだか名称は斬新ですが、別にそう突飛なことをいっているわけではありません。**哲学に創造性という要素を加えようというだけのことです。**ドゥルーズが創造としての哲学を提唱し、概念の創造が必要だといっているのと同じです。

もっとも、概念の創造という点では、哲学は遥か昔からそれをやってきたわけで、哲学という営みそのものの中にクリエイティブな要素が含まれているともいえます。なにしろ歴史上の哲学者たちは、常に自分の言葉で物事の本質を表現し、それゆえ新たな概念を生み出してきたのですから。

たとえば、ドイツの哲学者ハイデガーは、自らの有限な生を自覚して懸命に生きる人間のことを、ただの人と区別するために「現存在」と呼びました。あるいはフランスの哲学者デリダは、「解体」という語をヒントにして、構造物を解体し、一から構築し直すという意味の「脱構築」概念を生み出しました。これらは別に新たな物事を生み出したわけではなく、いまだ特別な名称のない部分に着目し、そこに名前をつけただけです。

しかし、誰も着目していない物事の側面を発見し、それに意義を見出したうえで命名するという行為は大変なものです。哲学が行っているのは、その大変な行為なのです。**物事の本質を探究するという営みは、単に落ちているものを拾うような単純な作業ではなく、隠れて目には見えない物事の側面を、頭の中で見出すという複雑な作業なのです**。そのことを創造行為と呼ぶ人もいるわけです。そうすると、本質の探究イコール創造になることもあります。

わかりやすくいうと、美術館で絵を見るのに似ています。絵を見た時、私たちはその意味について考えます。特に現代美術の場合はそうでしょう。ぱっと見ただけでは意味がわからないものが多いですから。しかしそれは決してナンセンスなのではなく、意味が隠されているだけなのです。

そうすると、**隠された意味を探り当てるには、想像力を働かせるしかありません。そうして意味を創造するのです。**きっとこうだろうと。もちろんそれが正しい答えなのかどうかは、作者に聞いてみないとわかりません。いや、作者自身も本当の答えに気付いていないことだって多々あります。もっというと、見る人に開かれている作品、つまり見る人が初めて答えを決めるという作品だってあるのです。

言葉の魔術師

そうやって鑑賞者が絵の意味をつくり出すような場合は、私のいうクリエイティブ・フィロソフィーにすごく似てきます。物事の本質をつくり出すなどというのは、哲学の定義からしておかしいという人もいますが、鑑賞者に開かれた絵と同じで、本質が開かれている物事だってあるのです。

たとえば、幸福とは何かという問い。この問いには、一〇〇人いれば一〇〇通りの答えがあるでしょう。だから幸福の本質を考えるような時は、クリエイティブ・フィロソフィーを意識してやるといいのです。私にとっての幸福は、時間の有限さを前提としつつも、それから解放される一瞬の感覚です。ただ、それを表現する時間の概念がないので、非時間性とでも名付けましょうか。これがクリエイティブ・フィロソフィーです。

こうしたクリエイティブ・フィロソフィーを身につけると、もう言葉の魔術師になれます。前述のハイデガーは、まさに「小さな魔術師」の異名をもっていたといいます。そう、**哲学概念を創造できる人は、新しい概念を表現するために新しい言葉を生み出す魔術師なのです。**時にそれは詩人と呼ばれたり、あるいはコピーライターと呼ばれたりもします。言葉を生業とする人にとっては、不可欠の能力といえます。

そしてどんな職業にも、程度の差はあれ言葉を操る能力が求められる以上、

クリエイティブ・フィロソフィーを身につける価値はあると思うのです。

そのための方法として、先ほどから例に挙げている絵の鑑賞をお勧めします。絵に限らず、アートならなんでもいいでしょう。トレーニングには現代美術が最適だとは思いますが。とにかく美術館に行くことです。そして、作品の意味を考える。

親子で美術館に行くなんて、なんだかしゃれてると思いませんか？　小学生の子どもには、それだけで知的な刺激と喜びを与えることができるでしょう。作品を見ながら、親子で解釈を楽しむのです。「あの作品には何が隠されてるんだろう？」などと問いかけながら。これはもう哲学です。

前に美術館巡りが私の趣味の一つだと書きましたが、おかげでそれは私だけの趣味ではなく、家族の趣味にもなりました。うちの子どもたちは美術館が大好きなのです。小学生が名作の前で長い時間立ちすくんでいると、皆感心して見ていきます。それがまた我が家の小さな魔術師たちのクリエイティブマインドに拍車をかけるわけです。ぜひ休日は美術館で哲学してみてください。

未来の働き方を考える

創造性が不可欠

本章の最後に、創造性を生かしたこれからの働き方についてお話ししておきたいと思います。グローバル化の進展とテクノロジーの発達によって、世界は大きく変化しています。その中で働いていくためには、当然これまでとは違ったスタイルが求められてくるはずです。たとえば、世界的にベストセラーとなった『ワーク・シフト』の中で、著者のリンダ・グラットンは、未来の働き方について次のような三つのシフトが起きると予測しています。

第一のシフトは、ゼネラリストから「連続スペシャリスト」への転換です。つまり、「未来の世界では、広く浅い知識をもつのではなく、いくつかの専門技能を連続的に習得していかなくてはならない」といいます。

第二のシフトは、孤独な競争から「協力して起こすイノベーション」への転換です。「孤独に競争するのではなく、ほかの人たちとつながり合ってイノベーションを成し遂げることを目指す姿勢に転換する必要がある」というわけです。

第三のシフトは、大量消費から「情熱を傾けられる経験」への転換です。これは、「際限ない消費に終始する生活を脱却し、情熱をもって何かを生み出す生活に転換する必要がある」ということです。

グラットンのいうこれら三つのシフトは、いずれも納得のいくものであり、時代の背景をよく分析したうえでの結論だといえるでしょう。ただ、**私には、結局ここには共通する一つの要素があるように思えてなりません。それは創造性です。**

第一のシフトのポイントは、他者との差別化を図るということです。それには創造性が求められます。コンピューターのスペシャリストも語学のスペシャリストも世の中にはたくさんいます。ですから、他者との差別化を図るには、究極のところ、そこに創造性を加えていくよりほかないのです。いわゆるオンリーワンの能力、オンリーワンの人材です。

第二のシフトのポイントは、協力してイノベーションを起こすということですが、協力を新たな知恵につなげるためには、一人ひとりが創造的でないとだめなのです。三人寄れば文殊の知恵にできるか、ただの烏合の衆になるかは、個々の創造性にかかっているといえます。

第三のシフトのポイントは、価値観の転換です。生き方に関して価値を転換すれば、当然労働観についても転換が起こります。人生に真の豊かさを求めるなら、お金をたくさん稼いで、それを消費に回すという働き方から、自分の納得する質を求める働き方に変えていく必要があるのです。創造的な働き方は、まさにそんな質を求める働き方にふさわしいのではないでしょうか。絵を描く時間が豊かなものであるように。

複数の能力をもった人材に

だからといって、私は何も芸術家になろうなどと呼びかけているわけではありません。それこそエンジニアでもなんでもいいのです。実際、コンピューターの会社であるグーグルでは、私がいうような創造的な働き方がほぼ実現されています。

グーグルの採用や働き方は世界中が注目するところですが、その意味では、**逆にグーグルが求めるような人材を目指せば、未来の社会で活躍できる創造的人材になれるということです。**では、グーグルはいったいどのような人材を求めているのか？　こちらもベストセラー『How Google Works　私たちの働き方とマネジメント』で紹介されているグーグルの「採用のおきて」を見てみましょう。

たとえば、こんな点が挙げられています。「プロダクトと企業文化に付加価値をもたらしそうな人物を採用せよ。両方に貢献が見込めない人物は採用してはならない」、「チームや会社とともに成長しそうな人物を採用せよ。スキルセットや興味の幅が狭い人物は採用してはならない」、「多才で、ユニークな興味や才能を持っている人物を採用せよ。仕事しか能がない人物は採用してはならない」。

いかがですか？　グーグルが創造的な人物を求めているのは明らかですよね。

そのほかにこの『採用のおきて』から、**私たちが子どもを教育するうえで特に参考になるのは、様々な能力を身につけさせることの大切さです。**子どものうちはできるだけいろんなことに興味をもたせて、その中でやりたがったことは全部やらせる。そして、そのうちから複数の特技を伸ばしていくようにする。これが理想です。

グラットンの主張にもグーグルが求める人材にも共通しているのは、こうした能力の複数性です。なぜなら、それが創造性のベースとなるからです。一つのことに専心し、その道のプロになるのもいいですが、それは野球選手やバイオリニストになるなど、ゴールも方法論もある程度決まっている場合の話です。

ゴールも新しいもの、当然そこに至るまでの方法論も未知のものということであれば、複数の能力を身につけるようにするよりほかありません。可能性が未来を拓くのです。

4

創造力のポイント

無茶な質問に挑戦し、
「創造アタマ」をつくる訓練をしよう

様々な能力を身につけ、
創造性のある人材になることを目指そう

5 直観力を鍛える

直観の使い方

直観と直感の違い

もし突然、「今すぐ私に何かプレゼントしてください」といわれたらどうしますか？　困りますよね。そしておそらく皆さんは、周囲をきょろきょろ見まわしたり、ポケットに何か入ってないか探ると思います。そしてとにかく何かを選ぶでしょう。

その判断はとっさのものだと思います。今すぐといわれているわけですから。普通はプレゼントを選ぶ時は時間をかけます。この人は何が好きだろうか、今の時期なら何がいいだろうかなどと、様々な要素を考慮するはずです。それがいきなり今すぐといわれたら、困ってしまうに違いありません。そこがポイントなのです。そういう場合は、直観で判断するよりほかないからです。ここではその直観の話をしたいと思います。

人間にはいろんな能力がありますが、一番コントロールしにくいのが直観です。なにしろ直観とは、論理抜きでいきなり答えを思いつくことを意味するのですから。そこでよく問われるのが、直観と直感の違いです。後者の直感のほうがなじみがあるかもしれません。この直感のほうも基本的には同じ意味です。理屈抜きに何かを感じるということです。「今日はいいことが起こりそう」「え、どうしてわかるの？」「直感よ」。一般にはこんなふうに使いますね。文字通り直接感じているわけです。なぜそういうことになるのかはよくわかりません。人間も動物ですから、何か気配を感じているのでしょうか。あるいは、経験上無意識のうちに身体が反応しているのでしょうか。

これに対して直観のほうは、哲学用語だといっていいでしょう。同じく理屈抜きに答えを思いつくわけですが、古代ギリシア以来、論証的思考や理性に基づく知に対置される人間の能力として位置づけられてきたのです。中でも特に参考になるのは、ドイツの哲学者カントが唱えた感性的直観です。**つまり直観といえども、人間の場合は、神様と違ってなんらかの感性がそれをとらえているというのです。いわば経験がもとになって、直観が生じているというわけです。**

そうすると、話は簡単です。直観もまた鍛えることができるからです。その方法については、後でじっくり紹介したいと思います。その前に、直観がいかに大事かということについて確認しておきましょう。

直観がなぜ大事か

先ほどの、いきなりプレゼントを要求されるようなシーンもそうなのですが（よほどわがままな彼女でもいない限りなさそうなシーンではありますが）、人生には急に対応しなければならないことがたくさんあります。急に何かをつくらなければならないとか、急にアイデアが必要だとか。そんな時、いちいちマニュアルを読んだり、じっくり理屈を考えたりしている時間はありません。

仮に一〇〇点満点の答えではないにしても、まずは合格点の六〇点をたたき出す必要があるのです。そうでないと不合格、The End です。これは決しておおげさな話ではありません。

考えてみてください。誰かが突然喉に物を詰めたとします。対応法を知らなくても、何かしないと相手は死んでしまいますよね。とにかく相手が吐き出せるように何かしなければなりません。正しい方法を知らないからと、手をこまねいている余裕はないのです。

私はアクション映画が好きなのですが、その中でも一番好きなのは、主人公が窮地を脱するシーンです。これは必ずといっていいほど出てきます。一瞬のスキをついて、手元にある何かでさっと敵をやっつけるとか、鍵をこじ開けるなどするのです。まさに直観を働かせて。

こうしたとっさの対応のことをブリコラージュと呼んでもいいでしょう。器用仕事とも訳される物事のやり方の一つです。理屈に基づいてやるのではなく、その場の対応として繕うということです。フランスの人類学者レヴィ＝ストロースが、文明人の思考とは異なる「野生の思考」として提示したものです。文明をもたない未開民族のほうが、むしろそうした思考に長けているというわけです。

たしかに、知識や便利なものがなければ、なんとかしてサバイバルするしかありません。それで必然的にブリコラージュすることになるのでしょう。ポイントは、そうしたブリコラージュは正しいということです。適当であろうとなんであろうと、その場をしのぐことが大事なのですから。

これはある種の危機管理です。物をつくるケースに限らず、日常のコミュニケーションにおいても、私たちは常にそんなブリコラージュを求められています。面接で想定外の質問をされた時、頭の中に思い浮かんだことを適当に並べて答える必要がありますよね。あれはまさに言葉のブリコラージュです。

私の場合、講演中などによくハプニングが起こるのですが、そうした時には動じることなくブリコラージュするよう心がけています。つまり、そのハプニングをうまく講演に取り入れて、場を落ち着かせるように努めるのです。たとえば、会場から大音量の着信音が聞こえてきたとします。そうすると会場は急に嫌な空気に包まれます。そんな時は「おかげで目が覚めました」などというと、一気に和やかなムードを取り戻せます。このように、ブリコラージュは直観を使った典型的な思考法といっていいでしょう。

直観の鍛え方――セレンディピティ

潜在的な経験がカギ

直観は役に立つという話をしてきたのですが、問題はこれをどう鍛えるかです。神の啓示のようなものならどうしようもありませんが、先ほどカントの議論を紹介したとおり、基本的に直観といえどもどこかしらに経験が影響を与えているのです。ただそれが明示的ではないだけです。

つまり、**潜在的な経験がカギとなります。意識しないうちに経験しているたくさんのことです。意識はしてなかったけれども、自然に目に入ってきたもの、耳に入ってきたもの、身体が感じたもの。そうしたものが直観の根拠となっているわけです。**とっさに思いついたメロディーは、実は朝、カフェで流れていたＢＧＭとそっくりかもしれません。自分が覚えていないだけです。

うちの子も時々、文章の神様が降りてきたかと思うくらい素晴らしい文を書くことがありますが、多くの場合、直近に読んだ本が影響しています。親も本人も天才だと思ってしまうことがありますが、そんなことはないのです。でも、それでいいのです。世の中で活躍する天才たちだって、本当はそうした潜在的経験をもとに、直観を生み出しているのですから。無から有が生じるわけはありません。

では、**どうすれば潜在的経験を増やせるか？　それは常にアンテナを張っておけばいいのです**。よほど家に閉じこもって、しかもテレビも本もネットも見ないという人以外は、普通に生活していれば相当の情報が入ってきます。直観が働く人とそうでない人は、まずその日常接する情報の吸収力が違うのです。

かといって、何もかも覚えてやろうなんて思う必要はありません。そもそも無理です。電車の切符を買う時、路線図を見て、よし覚えようなんてことは不可能ですよね。それじゃ一日何百時間あっても足りません。

でも、その路線図を「ふ〜ん、こんな感じか」と、一瞬だけ意識して見つめることはできるはずです。普通は自分の目的地までの金額を見るだけです。あるいはせいぜい目的地までの経路を確認するくらいでしょう。そこをもう一歩進めて、せっかく目をやっているのですから、目的物のみにフォーカスを当てるだけでなく、ついでに周辺情報に一気に目をやっておくわけです。この一瞬の手間だけで、私たちが日常摂取する情報量は圧倒的に変わってきます。あらゆることに関して同じことをするわけですから。

これはもう生活態度を変えるのに等しいとさえいえるでしょう。**自分の必要なものにしか興味をもたないという生き方から、あらゆるものに関心をもつ生き方です。その張り巡らされたアンテナが、直観の基礎となり、直観力を鍛えることになるのです。**

MITも注目

次々とイノベーティブなアイデアを生み出しているMITメディアラボの所

長、伊藤穰一さんは、世界有数の直観力に優れた人だといえます。その伊藤さんが、著書『「ひらめき」を生む技術』の中でまさに同じようなことをいわれていました。猟やキノコ狩りの際、獲物やキノコが偶然目に入ってくる理由について、「パターンを認知する能力を持ち合わせていると同時に、秩序をもって周辺を見渡し、セレンディピティを引き寄せるから」ではないかというのです。

セレンディピティとは、偶然掘り出し物を見つける能力を意味する言葉なのですが、それは決して行きあたりばったりの偶然ではなく、起こるべくして起こっているということです。**それを可能にしているのが、秩序をもって周辺を見渡す能力なのです。**

哲学の世界には、かつて直観か経験かといった二者択一を迫る議論がありました。近世より始まったデカルトに端を発する大陸合理論と呼ばれる一派と、イギリスの思想家フランシス・ベーコンやジョン・ロックに端を発するイギリス経験論という一派の対立です。大陸合理論は直観を重視し、人間には生まれつき観念が備わっていると主張したのです。対するイギリス経験論は、人間の観念は経験によって初めて形成されると主張しました。

しかし、おそらくこれは両方ともあるのだと思います。人間には直観力がありますが、それはなんらかの意味で経験に基づいているはずです。逆に、その経験の中に無意識のものまで含めるとすると、純粋な直観があるという見方もできるでしょう。

直観と経験を使い分ける

現代を生きる私たちにとって大切なのは、どっちが正しいという話ではなく、**人間にはこの両方の能力があって、それらをうまく使い分けるということです。経験による知性だけでなく、直観を生かして物事を解決していく、そんな発想です。**

従来、直観はとかく二流に見られてきましたが、それは間違いです。神の啓示のような怪しいものではなく、れっきとした科学的思考、あるいは哲学的思考なのですから。経験でいうなら、明示的な経験と潜在的な経験のどちらを根拠に考えているかという違いに過ぎません。

イノベーションのように新しいものが求められる今の世の中では、経験知のみに頼らない直観力こそがむしろ求められているのかもしれません。前述のＭＩＴメディアラボがセレンディピティを重視し、世界をあっといわせる業績を生み出し続けているのがその証拠です。

日本人の武器としての感性の哲学

全身で考える感性の哲学

直観に似ているのですが、それ以上に日本人が武器とすることができるのが感性です。感性とは西洋の理性に対置される日本の哲学だといっていいでしょう。直観はあくまで頭を主にしているのに対して、感性は身体を主にしているという違いがあります。

もちろん、だからといって頭を使わないということではありません。理性の哲学が頭のみで考えることを念頭においているとすれば、あくまで頭を含めた全身で考えるのが感性の哲学なのです。それだけでも感性の哲学のほうがすごいように思えてきませんか？

実は感性の哲学については、すでに何人かの人たちが論じています。たとえば哲学者の桑子敏雄氏は、『感性の哲学』の中で、感性とは、「環境の変動を感知し、それに対応し、また自己のあり方を創造してゆく、価値にかかわる能力」だと定義しています。それは「環境とのかかわりのなかで自己の存在をつくり出してゆく能動的、創造的な能力」だというわけです。

この定義は感性をかなり積極的、能動的な能力として位置づけたもので、私も大賛成です。つまり、**感性というのは、自然環境をただ感じるという受動的なものではなく、そこから自分の中で何かを生み出す創造的な営みだということです。**では、いったい何を生み出しているのか？

これについては、美学者の佐々木健一氏の『日本的感性』が参考になります。佐々木氏はこういいます。「感ずるとは、すなわち、感覚的な刺激がわたしのなかに引き起こす反響である」と。そう、**感性は私の思考の成果なのです。その思考が全身で行われ、かつ全身で表現されているという点に特徴があるのです。**

それゆえに、感性の哲学の表現形式は歌や詩のような抒情的なものになります。**日本の場合は論理文よりも和歌のほうが発展してきたといえますが、それは理性が発展しなかったのではなく、感性がより発展してきた結果なのです。**佐々木氏の『日本的感性』では、そうして和歌の中にいかに日本的な感性が描かれているのか分析を加えています。

たしかに和歌には、詠み手が全身で感じたものを全身で表現した成果を感じることができます。いや、和歌だけでなく詩でも俳句でも最近の歌謡曲でも同じです。それは頭だけで概念を考え、頭の中の言葉だけで表現する西洋の理性の哲学とは大きく異なります。

たとえば、愛とは何かについて論じた西洋哲学と日本の歌、つまり日本哲学を比べてみればわかります。愛について論じた西洋哲学の決定版ともいえるプラトンの『饗宴』では、愛をこんなふうに表現しています。「エロス（愛）とは、まず第一に、何かに対して、次には現に欠乏を感じているものに対して、存在するものだ」と。これに対して、佐々木氏も紹介している『人麻呂歌集』では、次のように表現しています。「息の緒に吾は思へど人目多みこそ吹く風にあらばしばしばあふべきものを」。これは自分が風であれば人目をはばからずあなたに会えるのにという意味の歌です。

プラトンのいう愛も、手に入らないものを求めるという意味ですが、どうも同じ気持ちを表現していても、日本の歌のほうにぐっと惹かれるのはなぜでしょうか。それはもちろん私が日本人だからでしょう。**多くの日本人がそうした歌に惹かれるのは、そこに共通した感性をもち備えているからです。**

感性を生かした思考を

ならば、その感性をもっと生かした思考をすべきだと思うのです。歌を詠むのは難しくても、俳句をつくるくらいなら割と簡単にできます。俳句の世界は奥が深いので極めるのは大変ですが、五七五というシンプルな定型のおかげで、入り口の敷居は比較的低いといえます。

その割に、季語が必要であったり、文字数を考えたりと、それなりにセンスが求められます。そこで、**俳句を詠む練習をすると、かなり日本的感性が磨かれるように思うのです。**現にうちの子どもたちは、愛媛県の子規記念博物館に行ってから、俳句に興味をもち、日本的感性が磨かれてきたように思います。いきなり俳句をといっても無理があるので、こういう観光地を訪れたようなきっかけがあるとなおいいですね。

そして熱が冷めないうちに、家族で季節の風物詩などをテーマにして俳句大会をやると、結構盛り上がります。その成果が出て、当時小学校二年生の息子が先生に褒められた句がこれです。「日暮れ時　白鳥光る　藩庁門」。大人顔負けで私も驚いたのですが、何度もやっているうちにいいのが出てくるのです。ちなみに藩庁門というのは、山口の名所の一つで、旧山口藩庁の門のことです。そこに池があって、日暮れ時になると白鳥がきれいに光って見えることがあるのです。ある時、ふと目にしたその光景が印象に残ったようです。

俳句は認知症対策や脳トレにも役立つといいますから、ぜひ感性を磨くためにも日常の思考訓練に加えてみてはいかがでしょうか。

プラグマティズム

合格点を出す思想

前に出てきたブリコラージュと同じく、**とにかく合格点を出す思想として今注目されているのがプラグマティズムです。**本章の最後に、今注目されるプラグマティズムについて紹介しておきましょう。

プラグマティズムとは、一言でいうと、うまくいけばそれで正しいとする思想です。日本語では実用主義などと訳されますが、プラグマティズムとカタカナで表記するのが普通です。**しっかりと設計できていなかったり、事前に準備ができていないとしても、まずはやってみる。それでうまくいけばいいじゃないかというわけです。**たしかに、結果だけを求めるなら、プロセスがどうこうという必要はありません。むしろプロセスが正しくても、結果が出ないとなんの意味もないのです。

実はこの思想はアメリカ発の唯一の哲学なのです。何もないところから、わずか二〇〇年ほどで世界一の国をつくり上げたアメリカならではの思想といえます。まさに開拓精神そのものです。その証拠に、アメリカの偉人は皆プラグマティズムの体現者であるプラグマティストです。その典型として名が挙がるのは、アメリカの礎を築き上げた万能人ベンジャミン・フランクリン、柔軟にかつ無難にアメリカを導いてきたオバマ大統領、アップルの創業者スティーヴ・ジョブズといった人たちです。あらゆる分野で、プラグマティストたちがアメリカを導いてきたわけです。

そんなプラグマティズムを完成したといわれるのが、アメリカの哲学者ジョン・デューイです。デューイは、知識は問題を解決するのに役立つ道具のようなものだと主張する「道具主義」を掲げました。このデューイこそが、教育にプラグマティズムを応用した最初の人物です。

彼は自らの思想の実践として、一八九六年、シカゴの小学校で、知識を使うことに重点をおいた教育を実験として展開します。**従来の覚えるだけの教育から、主体的に学び、考え、手を動かす教育へとシフトさせたのです。**

日本では、いまだに受け身の授業が続いていますが、最近ようやくアクティブ・ラーニングのような主体的な学びが導入されつつあります。これがある意味でプラグマティズムの実践だとすれば、日本の教育も一〇〇年以上遅れてようやくデューイに追いついたということになるのでしょうか。

完璧主義をやめる

その後もプラグマティズムは発展し、現代でも新しいプラグマティズムの思想家がたくさん出ているのですが、そこは難解な思想の話になってしまうので、教育の話に焦点を絞っていきたいと思います。

プラグマティズムを、いったいどのように現代の教育に生かすかということです。とりわけ親子で学ぶ時、これをどう取り入れればいいのか。それには二つの視点があるように思います。**一つは、勉強法自体にプラグマティズムを採用するということ。もう一つは、思考法としてプラグマティズムを実践するということです。**

勉強法にプラグマティズムを取り入れるというのは、つまり完璧主義をやめるということです。どの科目もやろうと思えばいくらでもできますし、際限なく広がっていきます。そうなると、試験範囲を網羅できなかったり、全然進まなかったりするのです。そこで、とにかく前に進むための方法として、プラグマティズムを生かすわけです。わからなくても前に進む。できるところからやっていく。そうした柔軟性がプラグマティズムのよさです。

親は子どもが完璧主義に陥らないように、ことあるごとにアドバイスしてあげるといいでしょう。「それより、前に進んだほうがいいんじゃない」というふうに。一番身近で彼らを見ているのですから。それに完璧主義は早いうちに克服しておかないと、一度身につくと払しょくするのが大変です。

このようなことをいうと、まるで受験のための勉強を奨励しているように聞こえるかもしれませんが、決してそんなことはありません。研究だってそうです。大学院で挫折する人を何人も見てきましたが、そういう人に共通するのは完璧主義なのです。一つのことが解決しないと前に進まないとか、正しい（と自分が決めてかかっている）やり方しかだめだというのでは、いくら時間があっても足りないケースが出てきます。でも、前に進むことで、後から簡単に解決することだってあるのです。

次に、**思考法としてプラグマティズムを実践するというのは、アウトプット思考をするということです**。これまでの日本の教育では、インプット思考が大勢を占めていました。要は覚えることを重視し過ぎたのです。しかし、プラグマティズムのように、知識を道具と考え、また結果がよければそれでよしとするためには、いかにアウトプットを出すかが大切になってきます。そうすると必然的に、暗記よりも実験や討論のようなものを重視し始めます。とりもなおさず、それこそ今の時代に求められている技能です。だからプラグマティズムが必要なのです。

5

直観力のポイント

常にアンテナを張って
潜在的経験を増やし、直観を鍛えよう

完璧主義に陥ることなく、
結果を出すための思考法を身につけよう

6 倫理力を鍛える

倫理は世界の救世主

何が正しいのか考える機会を

私は小学校で講演をする際、よくこんな質問をします。「友達の失敗をチクったら成績がアップするとします。さあ、どうする？」　皆、チクるのはよくないけれど、成績のアップも捨てがたいし、どうしようと頭を抱え込みます。

もちろん絶対正しいという答えはないでしょう。**こうした倫理的なジレンマを課すことで、何が正しいのか考える機会を与えるのが目的です。**倫理とは共同体におけるルールのことです。英語では ethics といいますが、これは古代ギリシア語で風俗習慣を意味するエートスに由来します。つまり、倫理とは生活の実践の中で形成されていくものなのです。

逆にいうと、**そういう実践のないところに倫理は存在し得ませんし、実践の中で状況が変わるごとに更新を求められるものだということができます。**特に、後者の性質は重要です。

世の中は常に変わっていきます。どんどん新しい技術が生まれ、それに伴って新しい問題が生じてくるのです。したがって、その行為を行っていいのか、どこまでが許されるのかといった問題は、後追いで考える必要が出てきます。それを決めるのが倫理にほかなりません。

物事を規制するのは、一般に法律だと思われていますが、法律ができるまでには大変なエネルギーと時間を要します。罰則をもって強制するので、自由が原則の人間社会において、そう簡単に法律を制定するわけにはいかないのです。場合によっては、何年もかかることがありますし、それでもすべてを定めきるのは困難でしょう。法律を議論するのは国会で、国会は政治の場です。そこでは様々な駆け引きが行われます。

でも、そんな悠長なことをいっていては、間に合わない問題もたくさんあります。科学技術の進歩は法律を制定する速度の何倍、いや何百倍もの速さだといっていいでしょう。だから新たな問題が手遅れにならないうちに、すぐに手を打つ必要があるのです。

その点、倫理なら何が正しいかすぐに決めることができます。大まかにいうと理由は二つです。**一つは共同体における正しさなので、比較的狭い範囲で決定できるということ、もう一つは、罰則をもって国に強制されるわけではないので、合意しやすいということです。**

家庭で訓練しておく

その意味で、倫理は社会を救う救世主であるといっても過言ではないでしょう。倫理がなかったら、この世は滅茶苦茶になってしまいかねませんから。そこで今、様々な領域において、自分たちの行いを律するために倫理が制定されています。

たとえば、バイオテクノロジーの世界では生命倫理が、環境の分野では環境倫理が、ビジネスの世界ではビジネス倫理、そして技術の世界では技術者倫理が確立しているのです。こうした各領域に存在する倫理を、応用倫理といいます。倫理を様々な領域に応用したものだからです。

私はかつて工業高専で教鞭をとっていた関係で、技術者倫理を教えていたことがあります。この場合、技術者にとって必要な倫理一般を技術者倫理というのですが、それに基づいて、各業界団体や会社ごとに倫理規定を定めています。先ほども書いたように、倫理というのは共同体におけるルール、正しさですから、その業界ごとに内容が変わってくるのです。

このように倫理は非常に大切な学問なのですが、一般の高校で教えているのはあくまで社会科としての倫理であって、知識を覚えさせる内容に終始しています。本当は、自分たちで倫理をつくるような訓練をしておく必要があるのですが、なかなかそこまではいっていないのが現実です。しかも倫理は選択科目に過ぎません。

にもかかわらず、いまやバイオテクノロジーの世界では、不死身の人間が生み出される可能性がありますし、ロボット工学の世界では、ＡＩを搭載したロボットが兵器に使われる可能性も出てきています。

そんな世の中に対応するためには、子どものころから倫理力を養っておく必要があると思うのです。かつて法学部は花形でしたが、これからはむしろ倫理学部をつくらなければならないでしょう。そしてそのために、小学校でも倫理のつくり方などを学ぶようにすべきです。

問題は、教育制度を変えるのには時間がかかるという点です。そこで、少なくとも家庭では、冒頭の倫理的ジレンマのようなものを話題にし、どうルールをつくっていけばいいか話し合うことをお勧めします。身近な話題から始め、時には不死身の身体やロボット兵器の話をするのもいいかと思います。

これらは早晩、今の子どもたちが当事者として直面する問題ですから。そんな訓練をしっかりとやっておくことで初めて、子どもたちは世界の救世主である倫理を身につけることができます。そして、近い将来、彼ら自身が本当に世界を救う救世主になるのです。

誠実さとは？

誠実であるには

正しさを決めるための倫理の話をしましたが、倫理にはもう一つの意味があります。それは「倫理にもとる」とか「倫理的にふるまう」といった場合の倫理です。この場合の倫理は、正しいという意味だけでなく、誠実であれというニュアンスも含みます。

私が教えていた技術者倫理の領域でも、もっとも重要なキーワードの一つは「誠実さ」だとされていました。誠実さがあれば、正しい行いをするはずだからです。たとえば、新しい技術を開発したとします。そこでいかなる危険が見つかっても、もし誠実さがあれば、正直に告白するでしょう。反対に誠実さが欠けている場合は、そのまま見過ごすことになってしまいます。

誠実さの敵は、利益やメンツ、あるいは単純に失敗を隠そうという気持ちです。そうした人間の弱さが、不正に目をつぶり、ひいては事故を起こす結果につながっているのです。技術者倫理では実際にあったケースを扱うのですが、いずれもそのような誠実さの欠如に起因するものばかりです。

大学の教科書にも載っているフォード・ピント事件は、まさにその典型といえます。ピントという車の欠陥のせいで、事故死する人がいたにもかかわらず、フォード社は設計変更をしなかったのです。通説によると、賠償金と設計変更にかかるお金を天秤にかけ、賠償金のほうが安いと判断したとされています。まったく信じられない話ですが、これが現実なのです。

誠実さを芽生えさせる言葉がけ

では、どうすれば誠実さを養うことができるのか？　ここではドイツの哲学者ヘーゲルの議論がヒントになります。ヘーゲルは、市民社会を生きる態度として誠実さを重要視しました。なぜなら、市民社会は人々が仕事をし、共同生活を行う場だからです。もし誠実さがなければ、誰も人を信用しなくなり、市民社会自体が成り立たなくなってしまいます。

そのヘーゲルが、**同じく市民社会の成員に求めたのは、まじめに働くことによって得られる誇りです。**人は誰しも、社会の役に立つ人間であろうと望みます。それは社会の一員としての誇りを手にしたいからです。そして誇りを手にするためには、まじめに働いて、認めてもらうしかないのです。**そうした誇りこそ、誠実さを生み出す基礎になるのではないでしょうか。**

つまり、誇りに訴えればいいのです。人間がもつ誇りを常に自覚させるということです。子どもに対しても、「悪いことをしてはいけません」というより、「あなたを信じている」といったほうが効果があるといいます。これは誇りに訴えるからです。

親は常に子どもの誇りをたたえ、誇りを強くすることを心がけるべきです。何かいいことをしたら、「誇らしい」と褒めるのです。逆に、悪いことをしたら、「誇りをもて」と叱る。そうすれば、誇りをもった人間が育ち、必然的に誠実さが芽生えてくるに違いありません。

武士道

特に日本人の場合、誇りは武士道精神以来の伝統でもあります。私たちはもはや武士ではありませんが、思想としての武士道をどこかで受け継いでいるのはたしかです。その証拠に、スポーツの試合などでサムライ魂を見せるというような表現を好んで使いますね。

それに、剣道をやっている人はもちろんのこと、この国ではテレビの時代劇などを目にする機会が多いので、自然と自分たちの先祖として武士のイメージが刷り込まれているのです。武士の末裔でなくても、先祖の誰かが一度くらいは戦に駆り出されているのではないでしょうか。

その武士にとって一番大事なのが名誉心なのです。これはまさに誇りといっていいでしょう。武士は誇りのために戦い、誇りのために死んでいったのです。

誇りを傷つけられることが、どれほどつらいことか。これは西洋の人にはなかなかわかってもらえません。誇りのために戦った浪人の物語「忠臣蔵」は、日本だと誰にも納得のいくストーリーですが、海外では不条理にさえ映るようです。

その意味では、**忠臣蔵のような映画やドラマを親子で見るのもいいでしょう。**できれば、**武士道を説いた本を一緒に読むとなおいいと思います。**ただしその際、新渡戸稲造の『武士道』ではなく、山本常朝の『葉隠』を読む必要があります。なぜなら、新渡戸の武士道は、本来の日本の武士道ではなく、新渡戸がキリスト教徒にもわかるように解釈した日本精神だからです。それに対して、『葉隠』は本物の武士道です。

お金よりも、出世よりも、誇りのために生きる。だから日本人はクオリティの高いものをつくり、利害を度外視して助け合うことができるのではないでしょうか。そんな日本の美徳をぜひ子どもたちに身につけさせたいものです。

共感指数を上げよ

人の気持ちを理解する力

ここまで倫理の話をしてきましたが、倫理はなんといっても心の問題です。共同体におけるルールをつくるには、他者の気持ちがわからないと話になりません。つまり、**同じ問題を共有する人たちが、相手の気持ちを理解しながら、お互いに納得できるルールを築き上げていくわけです。そこで重要になってくるのが、共感という概念です。**

人の気持ちを理解する能力のことですが、そんな共感力が高い人ほど、社会では成功する傾向にあります。私はそうした共感力のことを共感指数と呼んでいます。ですから、共感指数が高いほどいいのです。考えてみれば、会社でもどこでも、人の気持ちのわからない人はうまく仕事ができません。共同行為ができないのです。空気が読めなかったり、人を傷つけたりしてしまいます。

昔と違って、知能指数が高いとか、いい大学を出ているというだけでは、いい会社に入れるわけではありません。社会の側も私のいう共感指数を重視しているのです。それは面接や集団討論などをさせればすぐわかります。ということは、**子どもの教育をする際にも、共感指数を高める訓練をしておく必要があるわけです。**

スコットランド出身の思想家アダム・スミスは、**他者の気持ちに対する私たちの想像力は、「かれの身体にはいりこみ、ある程度かれになって、そこから、かれの諸感動についてのある観念を形成する」といいます。その想像力こそが、共感を引き起こすもとになっているのです。**

よく相手の気持ちになって考えなさいといいますね。あの相手の気持ちになるということがきちんとできるかどうかです。だから一般に利己主義の人は共感指数が低いといえます。自分のことばかり考えているからです。共感指数を高める第一歩は、利己主義の克服からです。意外と気づいていないことが多いのですが、私たちは皆どこかしら利己主義的なところがあるものです。

様々な人の立場を知っておく

それを克服するには、常にあの人だったらどう考えるだろうと想像する癖をつけることでしょう。子どもが人の気持ちを考えるのは、国語の問題で作者の気持ちを書きなさいと問われた時か、誰かに悪いことをして叱られ、相手の気持ちを考えなさいといわれた時だけです。

そうして初めて相手の気持ちを考え、反省するのです。でも、そんな機会はあまりありません。それに反省しなければ、いくら叱られても意味がないのです。成長する機会にはならないということです。**だから常に習慣づける必要があるのです。言い換えると、感情移入の訓練をするということです。**

そのためには、様々な人の立場をあらかじめ知っておく必要があるでしょう。いくら「親の気持ちにもなってみなさい」などといわれても、親になったことがなければ、さすがに感情移入することは不可能でしょうから。

中でも社会的に弱い立場にある人、特殊な環境におかれている人のことをよく知っておくことは、大事だといえます。世の中のルールは、とかく強者の論理で形成されがちです。でも、それでは社会は問題をかかえたままになってしまいます。社会に出てリーダーになる人や成功する人は、そうした問題を解決できる人でなくてはなりません。

弱さこそが強み

世の中には困っている人たちがたくさんいます。**子どものころから、そういう人たちのことを正しく学び、感情移入できるようになっておく必要があるのです。同時にそれは、社会問題に目を向ける契機にもなります。**

ケアの倫理という学問分野がありますが、これはそうした弱い立場にある人への目配りを要請するものといえます。つまり、同じ倫理でも、正しさを求めるのではなく、どう応じるかについて考えるものです。そこには互いに依存し合うという人間像が横たわっています。

成長を大前提にした社会では、強くて自立した人間が互いに競争し合うのが当たり前だとされます。しかし、成熟社会においては、限られたパイを互いに分け合う平等社会こそが求められるのです。ましてや高齢化がますます加速する日本のような社会では、パイの配分にも特別のケアが求められます。

日本において共感指数が重要になってくると考える背景には、そうした成熟社会と高齢化という不可避の現実があるのです。**近代以降、弱さは文字通り弱点でした。でも、これからは弱さこそが強みであり、武器なのです。**

弱さを知っている人、弱さを理解できる人だけが、世の中を導いていくことができます。勝負に勝つことしか知らないリーダーは二一世紀にはふさわしくありません。むしろ弱さに配慮できるケアの倫理を備えた人が上に立つべきです。今世紀になって、政治や経済の分野で世界中に女性のリーダーが誕生しているのは、決して偶然ではないでしょう。時代がそういう人たちを求めているのです。

正義の時代

バランスとしての正義

　本章の最後に、正義の話をしておきたいと思います。「なんでいきなり正義？」と思われるかもしれませんが、**実は倫理と正義は同じことを表しているとさえいえます**。倫理とは何が正しいかを探求する営みですから。ただ、正義は単に正しいということではありません。

　それはアリストテレスが説いた正義の概念にさかのぼってみるとよくわかります。アリストテレスによると、正義には二つあるといいます。配分的正義と矯正的正義です。配分的正義とは、富や資源の配分に関するもので、それは比例に基づいてなされなければならないといいます。これに対して、矯正的正義のほうは、配分ではなく正しさの回復を目的としています。たとえば、犯罪の被害に遭ったような場合。加害者に罰を負わせるのが正義です。

いずれにも共通するのは、バランスだといえます。**公平な配分も、正しさの回復も、いずれもバランスを取ろうとしているのです。だから正義のいう正しさとは、バランスだと思ってもらえばいいでしょう。**

何が正義かを探る

では、なぜそんなバランスとしての正義が子どもの思考に必要なのか？　それは世の中の価値観が多様化していて、何がバランスなのか、どっちにつくのが正しいのかといったことが、不明瞭になっているからです。

皮肉にも、**何が正義かわからなくなると、誰もが正義を掲げて自分の正しさを訴えるようになります。絶対的に正しいものが見えないからです。**

そのせいで、正しいと思ってやっていたことが、後から見ると正義に反していたなどということが起こりかねません。実際、どっちが正義なのかわからないという問題はたしかに増えています。たとえば、現代の戦争はすべてそうです。戦争そのものが悪なのは間違いありませんが、正義を掲げて戦う両方の側に大義があり、どちらにとってもそれが正義であることは間違いないからです。イスラーム対西洋諸国の戦いはまさにその典型です。

ムハンマドの風刺画については、表現の自由が正義なのか、信教の自由が正義なのかが問われます。**これからの時代を生きる子どもたちは、こうした難問を前に、本当の意味での正義を選択していかなければならないのです。**

それは正しいバランスを選択することにほかなりません。表現の自由と信教の自由の間で、誰もが納得できるようなバランスを探る。そうした能力が求められるのです。

そのためには、日ごろから正義に関する議論をしておく必要があります。幸い今、正義について論じた正義論がたくさん出ています。アリストテレス以来、正義論は休眠状態にありました。そこに火をつけたのが20世紀の大著ジョン・ロールズの『正義論』でした。自分の情報を遮断して考えるという「無知のヴェール」なる思考実験のもと、最も恵まれない人を救う論理を提案したものです。正義の二原理の名で知られています。それを皮切りに、現代では様々な形の正義論が展開しているのです。

バランス感覚を養うには

とはいえ、何も難しい正義論を勉強する必要はありません。バランス感覚を養うためのトレーニングをしておくだけでいいのです。それにはできるだけ多様な人材の中で、何がマジョリティなのか確認しておくことです。

偏った人たちのいう正義はみな同じでしょうから。そればかり聞いていても、バランス感覚は養えません。多様性が大事なのはそうした理由からです。様々なバックグランドをもった人たちの意見に接しなければならないのです。

できれば様々な文化や宗教をもった外国の人たちと接するといいでしょう。日本はそういう環境が乏しいですよね。私が留学を勧める最大の理由はそこにあります。語学だけなら日本でもマスターできますが、多様な人種の中でもまれる環境は、海外に出て体験するのが一番なのです。

それも若ければ若いほどいいでしょう。今は国による留学支援も拡大していま す。遅くとも大学生のうちには行く必要があります。できれば1年くらい。私の所属する学部では、原則的に一年間の交換留学を課しています。**グローバル人材になるには、多様性の中で正義の観念を体得してくるべきだと考えるからです。**

小学生にとっては、なかなか留学は難しいでしょうが、外国人と接する機会を増やす方法はいくらでもあります。今の時代、さすがに学校に一人くらいは外国人がいるのではないでしょうか？　日本の親は保守的で、そういう子たちと遊ばせようとしません。親自体が外国人を避けているのです。文化の違いを面倒に思うのか、日本語以外で話すのが怖いのか。あるいは、特定の国の人たちに対する偏見があるのかもしれません。

でも、それは子どもにとってとてももったいないことです。無理をしてでも付き合うべきです。それで子どもがどれだけ成長するか。子どものバランス感覚を養うには、まずは親の固定観念から変えていく必要があるといえそうです。

6

倫理力のポイント

倫理的ジレンマを使って、
何が正しいのか日ごろから考えよう

様々な人の立場を知り、感情移入し、
共感指数を高めておこう

7

対話力を鍛える

本当のコミュニケーション能力

質問力を高める

コミュニケーション能力の重要性が叫ばれますが、それがいったい何を指すかについては、意外と議論されていません。まず頭に浮かぶのは、話す力でしょう。では、話すとはどういうことか？ **コミュニケーションですから、必ず誰か相手がいます。一人か複数かは別として、その相手に対して話しかけなければならないのです。**

その際、自分が何か話して終わりでは、コミュニケーションにならないので、キャッチボールをする必要があります。つまり、何か相手が答えられるような状態をつくる。だから質問力が大事になってくるのです。

参考になるのは、古代ギリシアの哲学者ソクラテスの問答法です。ソクラテスは、どんどん質問を繰り返すことで、徐々に物事の本質に近づいていきました。だから質問を途切れさせてはいけないのです。お手本として、ソクラテスが脱獄を勧める友人クリトンと対話している様子を見てみましょう。ソクラテスの弟子プラトン著『クリトン』の一節です。

ソクラテス：では、人はどんな場合にも不正を行ってはならないのだね。
クリトン：むろんならない。
ソクラテス：では、多衆が考えるように、人はまた不正に報いるに不正をもってすべきでもないのだね、なぜといえば人はどんな場合にも不正を行ってはならないのだから。
クリトン：明らかにそうすべきではない。
ソクラテス：じゃ重ねて訊くが、クリトン、人は誰かに禍害を加えてもよかろうか、それともわるかろうか。

クリトン：それは無論わるいにきまっているさ。ソクラテス。

ソクラテス：ではどうだろう。人が禍害を加えられたときに、禍害をもってこれに報いるのは、多衆の信ずるように、正しかろうか、それとも正しくなかろうか。

クリトン：断じて正しくない。

ソクラテス：実際人に禍害を加えるのと、不正を行うのとは、少しも違いがないからね。

ここでソクラテスは、裁判が不合理だからといって、逃げるのは不正であり、不正をすることは善く生きることにならないと主張しているのです。それを**このように質問を投げかけることで、相手に悟らせていくのが問答法のすごいところです。**

このような能力を身につけるには、「質問数珠つなぎ」をやるようにすればいいでしょう。順に質問をしてつなげていくゲームです。たとえば、「リンゴって何？」「赤い果物でしょ」「じゃあなんで赤いの？」「多分色素だと思う」「色素って何？」といった具合です。ゲームにすると楽しく訓練することができます。

聴く力も大切

コミュニケーション能力を高めるには、こうして質問力を鍛え、話す力を身につける必要があるのですが、それだけでは十分ではありません。実は同時に、聴く力も身につけなければならないのです。

コミュニケーションは、どちらかが話し、どちらかが聴くことで初めて成り立ちます。両方とも話していたり、両方とも聴いていては成り立たない。国会ではよくそんな恥ずかしいシーンがありますね。みんな騒いでいるのです。あれを見るたび、子どもの教育によくないなぁと感じます。

誰かが話している時は、よく聴くことが大切です。そもそもよく聴かないと、相手の真意がつかめず、きちんと応答することができません。それにコミュニケーションが相手との共同行為である以上、話す聴くの両方がそろわないと目的を達することができないのです。話し合って、意見をまとめるよう指示された時、きちんと人の話が聴けなければ、まとめようがないですよね。

そのためには、開かれた態度でいることが不可欠です。素直に相手の話を聴くというのは、相手を受け入れる姿勢がないとできません。嫌いな相手でも、いくら反対の考えをもっていたとしても、その場では情報として正確に受け止めるべきなのです。

討論番組を見ながら

自分の意見を押し付けようという態度は、開かれた態度の対極にある閉じた態度です。これを鍛えるためには、テレビの討論番組を見ることです。テレビの討論番組には、必ず異なる立場の人が出ていますから、自分が賛成できる側の意見も、そうでない側の意見も両方聴けます。

もちろん、子どもの場合、その論点をよく理解していないと話についていけません。でも、そこは親がしっかりと前提を教えておけばいいのです。そして時には、発言の意味を同時通訳者のように補ってあげるといいでしょう。そのために親子でテレビを見る価値があるのです。

最近は学校でもディベートの練習をすることが増えてきました。**競技ディベートの場合は、自分と反対の立場に立ってその考えを擁護する訓練もします。これもまた相手の話を聴くいい練習になると思います。**ある意味で皆演技をするわけですから、その場その場の発言がすべてになってきます。「あの人は普段からこういう考えだから」という予断は一切通用しません。ぜひ家でもやってみてください。

親子の対話

親子だから本音で語れる

先ほど親子でテレビを見るという話をしました。その後にぜひしてもらいたいことがあります。それは、対話です。せっかく共通の体験をしたのですから、面白かったねで終わってしまうのはもったいないです。**共通の話題としてそれを存分に生かし、対話のネタにしてください。**

親子で対話をするといっても、たいていはその日学校であったことが話題になります。それはそれでとても重要なことなのですが、時にはそこから枠をはみ出して、社会のことやもっといろいろな分野のことについて話し合うのも大切です。

そんな時、唐突に話題を出して、さぁ議論しようというわけにはいかないでしょうから、テレビのようなきっかけが求められるのです。**親子の対話がいいのは、本音で語れる点です。外ではカッコをつけて話せないようなことも、親子なら本音で話せるはず。**もちろん友達同士のほうが話しやすいこともありますが、いわゆる社会問題のようなものについては、親とのほうが話しやすいでしょう。

それに、子ども同士だと内容がわからないという問題もあります。親子の対話は、子どもが成長し、社会の一員になるために不可欠なのです。学校もそのためにあるわけですが、残念ながら一対一で先生が対話の相手をしてくれる環境にはありません。

この点についてもヘーゲルは、いいことをいっています。家族の役割は、市民社会の成員を育てることだというのです。つまり子どもを家庭でしっかりと教育して、世の中を担える人材になるように育てる。本来、家庭はそうしたことまでやる必要があるのです。今のように学校に丸投げするのが、正しい姿だとはいえません。

熟議する習慣を

何より、親子で対話するメリットは、時間無制限でできるという点です。一度に長い時間やらなくても、ふとした時に続きを話してもいいでしょう。「そういえばこの前の……」という感じで自然に。**なぜ時間無制限でやるのがいいかというと、熟議の練習になるからです。**

今、世の中では熟議が求められています。徹底的に議論するということです。一時期、政治の世界でも熟議民主主義という概念が流行ったのですが、最近はすっかり鳴りを潜めてしまっています。やっぱり国会はじっくり議論するのに向いていないのでしょうか。本当はそれでは困るのですが。

少なくとも、エネルギー問題や福祉の問題など、世代を超えて議論しなければならない大問題については、労をいとわず徹底的に議論する必要があります。それは政治家のレベルだけでなく、市民のレベルにおいてもそうです。ということは、必然的に学校でもそうした議論が求められるべきなのです。

日本でもようやく一八歳から投票できるようになりました。それに伴って、学校でも生徒の政治活動が認められるようになったのです。これまではどちらかというとタブーでした。それが制度上は堂々とやれるようになったわけです。現実には、まだまだ教育委員会も警戒しているようですが、そんなことではせっかくの改革が絵に描いた餅になってしまいます。

そこで家庭でも学校教育を後押しするべく、政治の問題について熟議する習慣をつけさせるのです。そうすることで、子どもたちは学校でも自然に同じことをやり出すはずです。アメリカでは小学生でも大人顔負けの議論をして、大統領選挙の模擬投票をしたりします。**そういう政治教育が、国を支える主体的な市民を生み出すことにつながるのです。**

少し大げさかもしれませんが、親子の対話が国を変えるといっても過言ではないでしょう。以前、私がこのような主張をした時、親自身が政治のことをよくわかっていないので、対話などできないという声が返ってきました。

たしかに政治のあらゆる論点に精通するのは大変です。でも、私がいっているのは、そんな次元の高いことではありません。あくまで新聞を読んでいれば誰でもわかる程度の話です。そうでないと事実上無理でしょう。

逆にいうと、その程度の知識や社会的関心がないようでは、親としても問題があります。いや、有権者として問題があるでしょう。新聞をとっていないなら、インターネットのニュースでもいいですし、テレビのニュースでもいいのです。それに、詳しくわからなくても、親も共に学ぶという姿勢だけで十分です。そして本当に一緒に勉強してください。その姿が子どもを刺激するに違いありません。

世の中はどんどん変化しているため、学校を出たら勉強しなくていいという時代はもう終わりました。勉強は一生続くのです。そうでないと生き残れません。「勉強しなさい」と口でいうだけでなく、実際にその姿を子どもに見せる。これが一番です。

食卓で「哲学カフェ」を！

哲学の原点に返る活動

最近「哲学カフェ」が人気だといいます。全国でもかなりの数の「哲学カフェ」が開催されているようです。もともとはパリのカフェで、マルク・ソーテという人が始めて、それが日本にも広がってきたものです。

その名の示すとおり、カフェで哲学をするというイベントなのですが、これが新鮮で受けているのです。なにしろ哲学は難解な学問の代名詞で、大学で勉強するものという固定観念ができ上がっていますから。それをカフェで気軽に、しかもなんの素養もない市民がやるわけです。

でも、考えてみれば、そもそも哲学は町の中で立ち話のようにして始まったのです。ソクラテスは、市場で若者たちに声をかけ、世の中のことや人生について質問を投げかけました。そして若者たちは自分の言葉でそれに応じていったのです。これが哲学の始まりでした。

ですから、**今行われている「哲学カフェ」は、実は哲学の原点に返る運動でもあるのです。**少なくとも私はそのようにとらえています。そうして実際に、私自身も長年、市民のための「哲学カフェ」を主宰し続けているのです。

子どもは客観的に物事を見る

その中では、子どものための「子ども哲学カフェ」を開くこともあります。そこで気づくのは、子どもと大人はある部分で完全に異なる視点をもっているということです。つまり、子どもは物事を客観的に見ているのに対して、大人は主観的に見ているという点です。普通は逆じゃないかと思われますが、そうではないのです。

というのも、大人にとっては何事も当事者として自分の利害にかかわることばかりなのに対して、子どもにとっては社会の問題もまるで自然界の昆虫が巻き起こす出来事と変わらないわけです。だから客観的に見ることができる。

これは当然、いい面も悪い面もあります。いい面は、**大人と違う視点で物を見ることができるということです。フィルターがない分、かえって純粋に物事の本質をとらえることができたりするのです。**だから彼らの発言にハッとさせられることがあります。

悪い面は、何ごとも他人ごとになってしまうことです。戦争と昆虫の縄張り争いは次元が異なります。『子どもと哲学を』の中で教育学者の森田伸子さんはこんなふうに指摘しています。「子どもから大人になるということは、世界を驚きの目で『見る』存在から、このような世界の中で『生きる』存在へと変わることなのかもしれません」と。

私は「哲学カフェ」のような場が、子どもを大人という存在に変えるきっかけになるのではないかと思っています。世の中の問題を本質にさかのぼって考える。すると彼らは、それが決して他人ごとではないことに気付きます。なぜ戦争が起こるのか、なぜ貧困があるのか、**そういう問いをいくつもの「なぜ」を繰り返すことで掘り下げていくと、必ずどこかで自分と交錯する点に出くわすのです。その瞬間、彼らの目が変わります。**

それは好奇と驚きの目から、不安と熱意のまなざしへの転換が起こる瞬間です。目の前にあったガラス張りの壁が消え、今まで鑑賞していた世界が自分が生きるリアルな世界と融合する。「哲学カフェ」は、子どもたちにそんな経験をさせる場でもあるのです。

正しく考える機会を

かつて私は『子ども哲学塾』という小学生向けの本を出したことがあります。そこでは死についても扱っています。しかも私が選んだわけではないのですが、本の帯には「どうせ死ぬのにどうして生きるの？」というどぎつい文言が。その結果、多くの方から、あの帯の文言のせいで、子どもに勧められなかったという声をいただきました。

たしかに帯の文言は私もどぎついと思いますが、この問いを考え、それについて答えを出す必要があるのも事実なのです。そうでないと子どもたちは大人になれません。**大事なことは、子どもたちから問いを遠ざけることではなくて、正しく考える機会を与えることなのではないでしょうか？**

子どもに哲学はまだ早いという声もあります。でも、フランスで実際に行われた幼稚園児への哲学教育の実践を見ると、そんな不安はすぐに払しょくされてしまいます。「小さな哲学者たち」（二〇一二年、仏）という映画をぜひご覧いただきたいのですが、子どもにも十分哲学することは可能です。

「変な質問」から始めよう

前述のように、私は自分自身が「哲学カフェ」を主宰していることもあって、家の中でもよく「哲学カフェ」を開いてしまいます。とはいっても、別にうちの子たちはそれが「哲学カフェ」だなどとは思っていません。きっと、「またお父さんが変な質問を始めた」くらいにしか思っていないでしょう。

ところが、私がその「変な質問」をすることで、子どもたちは自然と哲学するハメになっているのです。夕食を囲みながら、子どもが意地悪なクラスメートの話をすれば、「どうして人は意地悪をするんだろう？」なんて問いかけるのです。これでもう哲学的対話の始まりです。おかげでうちの子は早く大人になりつつあります。

特別な機会など必要ありません。特別な知識も不要でしょう。ソクラテスがやっていたように、ごく当たり前のことを問いかけるだけでいいのです。そうすれば後は子どもたちが勝手に考え始めますから。ぜひ食卓で「哲学カフェ」をしてみることをお勧めします。

求められるファシリテーション能力

子どもに調整役を任せる

私は「哲学カフェ」でいつもファシリテーター（議論の調整役）を務めているので、つい家庭でも同じことをやりがちです。食卓での「哲学カフェ」でもやはり私がファシリテートしてしまうのです。これはこれで、議論がスムーズに進むとか、子どもたちもやり方を「まねぶ」ということができているのでいいのですが、できればその先を行く必要があります。

つまり、**子ども自身にファシリテートさせるのです。というのも、今社会ではファシリテートできる人間が求められているからです。**実際、ファシリテーター養成講座のようなものは結構あって、かなりニーズがあるようです。

私の場合、そのような特別の勉強をしたわけではありませんが、長年「哲学カフェ」を実践している中で鍛えられました。おかげで今では、人からよく褒められます。最初はどうしていいかわからなかったので、ファシリテートの名手、田原総一朗さんをお手本にしていました。長寿の討論番組「朝まで生テレビ！」で、多くの猛者たちを相手に、田原さんは見事に発言をファシリテートしていきます。私もこの番組に出たことがあるのですが、あの迫力は尋常じゃありません。いや、あれくらいじゃないと、好き勝手に話し出す人たちをまとめることはできないのでしょう。

議論する時は、誰しも熱くなるものです。それに皆話すプロじゃないですから、長々と話したり、支離滅裂になったりします。そこを時に遮り、時に補足しながら話を収束させていく。これは大変な技術です。

意見をまとめていく

まず聖徳太子にならなければなりません。同時に話す人もいるからです。その中で議論の本筋に役立つ意見を聞き分け、その人にしゃべらせるのです。この時、発言したがっているほかの人たちをうまくなだめるのがポイントです。そうでないと、収拾がつきません。田原さんは、「それは後でやるから」とか「まずこの人から」といった感じで、順番が回ってくることをほのめかすのです。そうすると、皆落ち着きます。

私の「哲学カフェ」では、挙手をして当てられてから発言することにしていますが、それでも内容によっては、後で発言してもらうこともあります。「それは、後でぜひお聞きします」といって。あるいは、同じ人ばかり何度も手を上げているような時は、あえて「この方はまだ発言されてないので、先に聞きましょう」といって、別の人を優先することもあります。そうでないと、みんなで議論をしている意味がなくなるからです。

このように、発言のバランスをとるのもファシリテーターにとっては重要な役割なのですが、**なんといっても一番大事なのは、意見をまとめていく力です。**これがないと、ただの司会になってしまいます。次はあなた、次はこの人と振っていくだけなら、機械にもできます。しかし、ファシリテートするというのは、全体の意見をまとめていくことなのです。

物事を発展させていく

そこで役に立つのが、前にも紹介したヘーゲルの弁証法です。マイナスを取り込んでプラスに変え、物事を発展させていく論理です。これがなぜファシリテートに役立つかというと、**どんな意見も切り捨てずに、どんどん取り込んで発展させていくという作業に適用できるからです。**

この時、常に意見を発展させていくことを意識しなければなりません。ファシリテートの場合、意見をつなぐという言い方をする人もいますが、私は単につなぐのではなく、発展させるという上昇型のイメージをもったほうがいいように思っています。

ただ、その際本質を見失ってはいけません。主たるテーマが何かということを常に意識して、議論を発展させていく必要があります。それは、予め決めた着地点に強引に議論を導いていくのとはまったく違います。あくまで答えは未知のものです。そのうえで、テーマからそれないようにするということです。

　さらに、ファシリテートする時に必要なのは、話しながら考える技術です。ファシリテーターの場合、人の話をよく聴きつつ、常にそれをどうもって行くか考えなければなりません。いったんじっくり考えるなどという時間はないのです。人が話し終わったら、間髪を入れずに次につなぐ。ということは、**同時通訳ではないですが、人が話している間、「同時思考」をしておかなければならないということです。**

　ここまで書くと、かなり高度な技術のように思われるかもしれませんが、実は日常私たちもある程度同じことを行っています。人の話を聴きながら、自分の意見をいいますよね。それを少し司会の立場になってやってみるというだけのことです。だから議論する際、子どもに司会を任せればいいのです。それだけで自然とうまくなっていくものです。私自身がそうやって数々の実践を通して、人から褒められるほどのファシリテーターになれたのですから。

7

対話力のポイント

質問力、聴く力を身につけ、
コミュニケーション能力を高めよう

ファシリテーターになることで
意見を発展させていく力を身につけよう

8

協働力を鍛える

協調性とコラボレーション

全体のために自分がどうするか

社会で活躍できる大人になるためには、狭い意味での思考力だけでは十分ではないという話をすでにしたと思います。**高い倫理力やコミュニケーション能力が求められるのです。そのコミュニケーション能力の中には、対話力だけでなく、協働する力も含まれています。**ここではそのことについてお話ししたいと思います。

たとえば私は、小学校の体育館に集まって講演を聞きに来た子たちに、いきなりこんなことをいったりします。「はい、子どもだけで今からここにいる全員を四つのグループにして！」。するとみんな最初はあっけにとられますが、仕方ないので動き出します。でも、どうしていいかわからず右往左往。そのうちだんだんと塊ができてきます。よく見ていると、何人かの子たちが「こっちこっち」だとか「お前ら、あっち」などと指示をし始めるのです。

ここでは、リーダーシップと協調性がポイントとなります。指示する人とその指示に従う人がうまく役割分担しなければならないのです。この場合、誰かがあらかじめリーダーだと決まっているわけではないので、誰もがリーダーであり、フォロワーであるという関係にあります。

したがって、一人ひとりが状況に応じてリードしつつ、従わなければなりません。まず目の合った三人くらいの中で、誰か一人がリーダーになって、「あっちに行こう」と指示を出す。残りの二人はそれに従う。その輪をだんだん大きくしていくのです。要領は常に同じです。コツとしては、常に全体を見ることです。全体を見て、どっちに動くべきかを考える。そして、全体のために自分がその場その場でリーダーになるべきか、フォロワーになるべきか判断する。それはどっちの指示が合理的か、どっちのほうが人を引っ張る力があるかによって決まってきます。

経験でしか身につかない

こんな練習がなんの役に立つのかと思われるかもしれませんが、災害が起こったような場合には、実際に同様の行動を余儀なくされるかもしれません。

それに日常でも、さっとグループに分ける必要に迫られる場面は多々あります。

そんな時、だらだらしているとタイミングを失したりするのです。

あるいは、あらかじめグループが決まっており、リーダーが指名されているような場合でも、**やはりリーダーシップと協調性のバランスが重要になります。**

学校でグループワークをさせても、まとまっているチームは両者のバランスがうまくいっているところです。そしてそれに比例して、いい成果を上げてきます。

「船頭多くして船山に上る」といいますが、まさにそのとおりです。船頭がいないのも問題ですが、誰もが指示ばかりして、従おうとしないと、何事も前に進みません。信頼できるリーダーを選んで、後は指示に従うのがいいのです。そしてリーダーに欠けるところがあれば、そこはみんなでサポートしていく。**それがチームで物事をすることの意味です。一人ひとりが、そのための能力を身につけておく必要があるのです。**

それはもう数多く経験する中で、身につけていくよりほかありません。なぜなら、人間同士の距離感は、相対的なものだからです。チームの人選、与えられたテーマによって、バランスのつくり方は変わってきます。だから実践の中で覚えていくのが一番なのです。もちろん、リーダーの心構えやチームの一員としての心構えについては、色々理屈があるわけですが、それは後で改めて紹介したいと思います。ここではあくまでも、全体の中でどう振る舞うかということと、リーダーシップと協調性のバランスが大事だということだけ強調しておきたいと思います。

実践の場については、最近は学校教育でもグループワークが増えているので、社会に出るまでにかなりの訓練ができると思います。大学では、その場合の成績ももうグループごとにつけています。いわば連帯責任なのです。これは社会の縮図だといっていいでしょう。

一体になるために

たいていの組織論に書かれていることですが、私たちはこのチームのまとまりと成果が比例するという事実にもっと着目する必要があります。組織論の古典ともいえる『組織と管理』を著したチェスター・バーナードによると、組織が成立するための条件として、共通目的、協働意志、コミュニケーションが求められるといいます。

つまり、バラバラでは組織にならず、組織として行動する意味がなくなる、いや、むしろ有害ですらあるということです。集団で活動するのは、一人ではできないことをみんなでやる必要があるからです。**しかし、みんなで一つのことをするからには、あたかもそれが一人の人間と同じ塊であるかのように考え、動く必要があります。**

　だから一体でなければならないのです。ヘーゲルは共同体を有機体としてとらえましたが、まさにそのとおりだと思います。チームは一つの有機体なのです。そしてそれが一つの身体である以上、そこには司令塔となる頭が求められます。それがリーダーです。次に組織に不可欠のリーダーシップについてお話ししたいと思います。

子どもをリーダーに

全体のために「盾」になれるか

日本にはなぜ強いリーダーが少ないのか？　それは教育に問題があります。日本は横並びが好きな国で、かけっこでも手をつないでゴールさせたり、わざと学級委員長を置かなかったりする学校があるくらいですから。リーダーシップのとれる子どもを育てるのに、そうした環境が足かせとなっているのは明らかです。

そんなことしなくても、政治の世界にはちゃんと強いリーダーがいると反論する人がいるでしょう。たしかに政治の世界には、日本でも多少はそういう人がいます。ただ、問題はそういう人の数が少ないことと、何よりそういう人たちが特殊な人たちであることです。

この二つの問題は同根なのですが、つまり学校教育でリーダーシップをきちんと教えないために、もともとお金持ちか名家で歪んだ帝王学を学んできた人だけがリーダーになったり、腕力が強いか声が大きいだけでリーダーになったりしてしまうからです。あるいは、コンプレックスからハングリー精神でリーダーになるタイプか。

いずれにしても、こうしたリーダーは一見強そうに見えますが、それは真の強さではありません。強権的であったり、弱いものに力を誇示するだけの人間が強いわけがないからです。むしろ弱さやコンプレックスの裏返しに過ぎないのです。だからやたらと剣を振り回して、虚勢を張ります。そうではなくて、**真の強さとは、仲間のため、全体のためにむしろ盾になれる強さです。剣ではなく盾。ここがポイントです。**

私はいわばそんな「盾のリーダーシップ」を常々強調しています。そのためには、進んでリーダーになれるチャンスをどんどん与えないといけません。そうすれば、一人だけでなく、多くの子たちがリーダーを経験する機会をもてるからです。みんなを平等にするというのは、誰にもリーダーをやらせないのではなく、みんなにリーダーをやらせる方向で実現すべきでしょう。

リーダーシップ教育を

そしてリーダーになった人間には、三つのことを教える必要があります。一つ目は、**全体のために行動するということ。常に全体のことを考えなければならないのです。**少しでも自分が手柄を得ようなどと考えてはいけません。政治家が、自分の名前を歴史に残すために短期的利益に飛びつけば、結局国民がそのつけを払わされてしまいますよね。あれと同じです。リーダーの手柄は後からついてくるのであって、自分から得ようとしてはいけないのです。

むしろ損をするつもりでやったほうがいいでしょう。そのほうが周囲は評価します。そして周囲が頑張るのです。あのリーダーのために頑張ろうと。これが盾のリーダーシップの基本です。

二つ目は、**決断をし、責任をとるということ。リーダーたるもの、決断をする勇気と力がないと務まりません。**その際問題になってくるのは、決断に対して責任をとれるかどうかです。そこがしっかりと見えていると、チームのメンバーは自然とリーダーの決断に従います。その部分を疑われるようでは、リーダーは失格です。無責任な判断は決断とはいえません。それは独断です。決断とは責任を伴う行為であることを、子どもたちにもしっかりと教える必要があります。

戦争の例はふさわしくないという人もいるかもしれませんが、太平洋戦争でも、そんなリーダーの独断によって多くの命が奪われました。リーダーの意思決定がどれだけ重いか知るためには、あえて過去の戦争を振り返ってみることが大事だと思います。それに戦争は決して過去の話ではありません。今まさに日本が抱えている問題なのです。

三つ目は、**仲間を信じるということ。リーダーはあくまでチームの一員です。**その中でリーダーという役割を委ねられているに過ぎません。ですから、常に仲間と共に行動していることを忘れてはいけないのです。つまり、**自分が窮地に立った時は、躊躇することなく仲間に助けを求める必要があるわけです。**

この時意地を張ったり、変な遠慮をしてはいけません。仲間を信じてエンパワーメントすべきなのです。高校野球ではエースでキャプテンという選手がよくいます。その中でも、全部自分で打ち取ろうとして崩れていくタイプと、調子が悪い時は仲間を信じて打たせて取ることのできるタイプがいます。評価されるのは後者のタイプです。野球はあくまでチームプレーですから。このことは、あらゆるチームプレーに当てはまるものです。融通の利かない絶対的エースになってはいけません。

こうしたリーダーシップ教育は、家庭でもできます。いつも親がやっていることを子どもにやらせてみるのです。家族の中でのリーダーシップです。これはすごく自信になるようです。どんな小さなことでもいいでしょう。たとえば、旅行を計画させるとか、外で何かを尋ねる役割を任せるとか。もちろん家庭の場合、最後は親が盾にならなければならないことはいうまでもありません。

常にチームをつくる

チームビルディングとは

今の時代、本当に一人だけでできることは限られています。それほど世の中が複雑になり、かつつながっているということだと思います。そうすると、**どのようなチームをつくって、どのようにマネジメントしていくかがとても重要になってきます。そういう能力を身につけておく必要があるということです。**

まずチームのつくり方、チームビルディングについてですが、どういう人を集めるかというところから始まると思います。これは何かをやりたい時に、どうやって自分の戦力を確保するかという戦略の問題です。桃太郎や三蔵法師のように、成り行きで家来が見つかることもあるでしょうが、基本的には自分で動かなければなりません。つまり、積極的に獲りにいかないといけないわけです。

世の中にはチームをつくって活動することばかりなのに、なぜか学校ではチームビルディングの方法を教えてくれません。自然にできると思っているのでしょうが、そう簡単ではないのです。だから家庭で教えないといけないわけです。

その際私がよくいうのは、「能力×性格」の公式を常に念頭に置くということです。社会に出ればすぐわかることですが、能力は高いけれど、性格に問題がある人はたくさんいます。またその逆で、性格はいいけれど、能力の低い人もたくさんいます。そしてどっちが欠けてもチームとしては困るのです。だから能力と性格の両方を勘案して、最善の人を選ぶということになるのです。

もっとも、能力といっても、同じ種類の能力をもった人を複数獲るメリットはあまりありません。チームビルディングの際は、多様性に配慮すべきです。チームとして総合力を高めるには、色々な人材がそれぞれの能力を発揮し、それが全体としてまとまっていることがベストですから。

その意味で、**一人は逸脱者も必要です。ただし、単に変わった行動をとってチームをかき乱すだけの逸脱者ではなく、皆とは違った視点で問題にアプローチできる人のことです。**学問的には、こういう人をポジティブ・デビエント（積極的逸脱者）と呼んだりします。たしかに、変わり者だとしても、その人のおかげで新しい発見があったり、チーム全体が別の視点をもつことができるならありがたい話です。

子どもたちには、変わっている子をうまくチームに取り込むことの意義について教える必要があるでしょう。子どもは変わっている子を避けがちです。時にはいじめの対象にさえしてしまいます。でも、その子のもつ独特の視点を評価できるようにならないといけないのです。それができて初めて、いい仲間を集めることが可能になります。

チームをマネジメントする

次に、チームのマネジメントについてです。リーダーシップについては別のところで触れましたので、ここではチームのモチベーションを維持する方法を中心にお話ししたいと思います。

せっかくいいメンバーを集めても、まとまりがないとか、やる気がないようでは元も子もありません。したがって、チームのモチベーションを維持し続けること、あるいは高めることがとても大事になってくるのです。

その際、もちろんリーダーの役割は重要なのですが、一人ひとりにできることだってたくさんあります。まず、**雰囲気をよくすることです。それには場を明るくすることと、風通しをよくすることの二つの意味があります。**面白いことをいう人間がいれば、それだけで場は明るくなるものです。ぜひ人前で冗談をいえる子に育てる必要があります。

アメリカの政治家は大統領を始め、皆ジョークが上手ですよね。それだけで一気に場が和みます。アウェイをホームに変える術です。日本人はまじめなので、どうもそれが苦手ですが、そのせいでチームが暗くなってしまっては損です。グローバル競争でも負けてしまいます。不謹慎だなんて思う必要はありません。際どいことをいって、苦「情来《ジョーク》」るくらいがちょうどいいのです……。

ヒエラルキーを取り払う

風通しのよさについても、日本は不利なところが多々あります。たとえば敬語です。日本語の場合、敬語が厳格であるばかりに、どうしてもヒエラルキーができてしまうのです。そうすると地位の高い人や年齢が上の人、経験の豊富な人ほど偉くなってしまい、そうでない人がものをいいにくい風土ができ上がってしまいます。

だからできるだけそんなヒエラルキーを取り払う工夫が必要です。と同時に、仮にヒエラルキーがあっても、子どもたちにはそれを気にせず自由に発言するふてぶてしさを教える必要があるでしょう。それは礼儀をわきまえないということとは、まったく異なります。誰の前でも意見を堂々といえる。みんながそうなれば、チームの風通しは必然的によくなるでしょう。

親子で地域活動

協働の実践

協働する力については、実践が一番なのですが、その中でも親子でできるのが地域活動です。草刈りや地域のイベントのお手伝い等に一緒に行くといいでしょう。そうすることでまず社会参加意識が芽生えます。そして、**見知らぬ人たちの中で貢献するということの意味を知るのです**。これはとても大切なことなのですが、今の時代、大人にも欠けている部分です。

女性の現代思想家ハンナ・アーレントは、『人間の条件』の中でこのことを強調しています。彼女は人間の営みを労働（レイバー）、仕事（ワーク）、活動（アクション）の三つに分けて考えます。労働とは、掃除や洗濯など人間にとって必要不可欠な営みです。仕事とは、いわゆる職業として外でやる仕事だと思ってもらえばいいでしょう。これに対して、活動というのは少しわかりにくいですね。アーレント自身はこんなふうにいっています。

活動 action とは、物あるいは事柄の介入なしに直接人と人との間で行なわれる唯一の活動力であり、多数性という人間の条件、すなわち、地球上に生き世界に住むのが一人の人間 man ではなく、多数の人間 men であるという事実に対応している。たしかに人間の条件のすべての側面が多少とも政治に係わってはいる。しかしこの多数性こそ、全政治生活の条件であり、その必要条件であるばかりか、最大の条件である。

つまりここからわかるのは、**活動が政治活動や地域活動のようなものを指しているということ、そしてそれが複数の人間が共存するこの社会においてとても重要であるということです。**実はこの本は公共哲学の古典とされており、私たちが社会においてどのように振る舞うべきか説いてくれているのです。

社会に関心をもつ

その点からすると、仕事は大事だけれども、人間には社会の中でほかの人と混じりあって、政治活動や地域活動をすることこそが求められるということになります。私もまったく同感で、それがないと、アーレントのいう多数性が社会からなくなってしまうように思うのです。**みんな社会に関心をもたなければ、誰かが都合のいいように社会を支配し、ほかの人の意見など取り入れようとしなくなってしまいますから。**その究極が全体主義であり独裁なのです。ナチスを経験したアーレントは、その恐ろしさをよく知っていました。

市民が政治に関心をもたなくなると、全体主義はすぐにその隙に付け入ろうとします。ですから、政治活動や地域活動に参加することはその意味でも不可欠なのです。特にそうした場に子どもを連れて行くことで、子どもは社会に参加することの意義を肌で感じることができます。いくら口で社会参加がないと危険だなどといっても、子どもにはわかりません。

ところが、近所の人と話したり、一緒にごみの捨て方などの問題に取り組むことで、そのことの意味がわかってくるのです。自分たちの問題は自分たちで決めないと、いったい誰が決めるのだろうという疑問をもつわけです。

また、**地域活動がいいのは、見知らぬ人とコミュニケーションをとる可能性がある点です。**子どもはいつも決まった人とコミュニケーションをとるに過ぎません。親、先生、友達。そんな中で、知らない人と話し、一緒に何かをするというのは、彼らの協働力を飛躍的に高めます。

地域活動では、阿吽《あうん》の呼吸で物事が進むわけではないからです。それに子どもだからといって甘く見てもらえる環境ばかりではありません。特に災害支援のボランティアなどだと、ますます厳しい環境にさらされます。みんな必死ですから、足でまといになるような状態では、評価してもらえないでしょう。

危険もあるので、災害支援のボランティアをどこまでやらせることができるかわかりませんが、少なくともボランティア活動を一緒にやるというのは、かなり意義があると思います。地域活動の場合はやることが決まっていることが多いですが、**ボランティアの場合、自分でやることを判断して、全体に貢献することが求められるからです。**

ポジションを見出す力

学校での自分のポジションは、ある程度の時間をかけて形成されるものです。しかし、**地域活動やボランティア活動のようなイベントでは、瞬時に自分のポジションを見出さなければなりません。**誰も人のことなんてかまってくれません。先生はいないのです。いや、先生に代わりうる人はいるかもしれません。ただ、その人を探し出すのも自分の力に委ねられているのです。

地域で草引きをするなら、ゴミ袋をもっている人を探し、その人から借りて、かつどの場所でやればいいか全体を見渡して決める。その際、人がいないところがいいのか、みんながやっているところがいいのか、それとも予め誰かが割り振っているのか、そういうことから始めるのです。そうして**活動しながら、**

誰かに話しかけて、仲間をつくっていきます。そして何か新しい動きが必要な時には、その人と協働するのです。たまった草を一緒に運ぶとか。

結局、こうしたことは、どこに行っても同じです。入学式の後、すぐに新しい仲間を見つけて輪をつくれる子を見ていると、きっと子どものころからこういう体験をしているんだろうなと感じます。それは大人になってどんな場所にいっても、ずっと続くことです。だから親子で地域活動に参加しておく必要があるのです。

8

協働力のポイント

全体のために「盾」となる強さをもつ
リーダーを目指そう

知らない人とコミュニケーションをとり、
「ポジションを見出す力」を身につけよう

9 行動力を鍛える

行動力——空を飛んだお父さん

問題を突破する力

私は常々、「行動する哲学者」を目指しています。口だけの哲学者にはなりたくないからです。実際、「哲学カフェ」を開いたり、まちづくりに携わったりして、身体を動かしています。これは自分の考えを行動に移すためでもあります。

「言うは易し、行うは難し」とはよくいったものです。だから世間では、物事を行動に移すことのできる行動力を高く評価するのでしょう。「あの人は行動力がある」というのは、最高の褒め言葉です。

まず、**物事を行動に移すためには、きちんと計画する力が求められます。**この場合のきちんとというのは、ほどよくという意味です。計画段階でこだわり過ぎると、かえって行動力を阻害しますから。前にプラグマティズムという概念を紹介しましたが、ある程度は行動しながら変えていけばいいのです。

行動を開始したら、次はそれをやり抜くことが求められます。これも行動力の大事な要素です。始めたはいいけれど、すぐに挫折するというのでは、せっかく上がった評価も台無しです。もちろん、物事を最後までやり抜くのは、始めること以上に困難を伴います。何事もなんの問題もなしにスムーズに進むなどということはありえません。

そこで、**問題にぶちあたっても突破する力が求められるのです**。それを可能にするのが実存主義にほかなりません。実存主義とは、一言でいうと自分で人生を切り開こうとする考え方のことです。

デンマークの哲学者キルケゴールから、フランスのサルトルやドイツのハイデガーにまで連なる偉大な思想だといっていいでしょう。哲学の世界では、そのあと新しい思想がたくさん出てきて、まるで実存主義は前世紀の遺物のように思われていますが、決してそんなことはありません。

個人的には、行き詰まる社会や状況を突破するのは、この思想しかないと思っています。物事を解決する手法に関しては、どんどん新しいものが開発されるので、それらをうまく使えばいいでしょう。でも、**その前に大事なのは、突破する精神力です。実存主義はその精神力を与えてくれるものなのです。**

「超能力感」をもてるように

具体的にどう実存主義を生かせばいいかというと、それは自由を意識することだと思います。サルトルの実存主義がまさにそうです。人間には行動を選ぶ自由があります。当たり前だと思われるかもしれませんが、私たちは普段そのありがたさやすごさを忘れがちです。

物には自由はありませんよね。ペンはペンのままです。鳥になって空を羽ばたきたくても、そんなことは不可能です。でも、人間にはそれができるのです。そうやってライト兄弟は飛行機を発明しました。そして今や個人でも、背中にプロペラやジェットエンジンを背負って空を飛ぶことが可能になっています。人間は鳥になったのです。

自由に行動を選択できるということは、なんでもできる可能性があるということです。その素晴らしい事実に気づかせてくれるのが実存主義なのです。実存主義を理解したからといって急に超能力が身につくわけではありませんが、あたかも超能力をもったかのような気持ちになれるのはたしかです。

あえていうなら、身につくのは「超能力感」でしょうか。幾多の困難を乗り越える突破力とは、そんな超能力感によって可能になるものなのです。それが行動力の源です。したがって、子どもたちには超能力ではなく、超能力感をもてるよう教えてあげる必要があります。それにはとにかく褒めることです。「すごいね」「これができればなんでもできるよ」と。

空を飛んだお父さん

小さな成功体験をさせて、それを大げさに褒め、次へとつなげていく。徐々に大きな成功を重ねていくのが理想ですが、なかなかそうもいかないでしょう。そういう場合は、仮に躓《つまず》いても、自信喪失しないように勇気づけてあげればいいのです。

自信過剰になるのは問題ですが、自信喪失はもっと問題です。人間は必然的に失敗する生き物です。心配しなくても、自然にへこんでくれます。**ですから、親がすべきなのは、褒めて自信を回復させる手伝いをすることです。**

いや、もう一つすべきことがありました。**それは手本を見せることです。なんでもできるという手本を。**いつもそうやって励ましているのだから、自分もそれができることを示さないと、説得力がありません。

我が家には伝説があります。子どもが小さいころ、あることを「できない」といってきかなかったので、「人間はなんでもできる」と勇気づけました。すると、「じゃあ今すぐ空を飛んでみて」といわれたのです。ここで手本を見せないと子どもはもう自分を信じないと思い、私は奇策に出ました。ソファーのひじ掛けのところに上り、鳥のように羽ばたきながら飛び降りたのです。子どもは床に座っていたので、まるで私が飛んだように見えたようです。それ以来、自分でも「なんでもできる」というようになりました。人間は本当になんでもできるのです。

巻き込み力

当事者を増やす

自分が行動し、物事をやり遂げることはとても大事なのですが、その際、人を巻き込む能力が求められてきます。**一人でできることと、多くの人を巻き込んでやることとは、規模も違えば意味合いも変わってきます。**多くの人を巻き込んだほうが、規模が大きくなるというのはすぐにわかると思います。

意味合いが変わってくるというのは、単に規模だけでなく、物事の意義が変わってくるということです。たとえば、慈善活動を行ったとした場合、自分だけがやったのであれば、当事者は自分だけです。でも、結果は同じだとしても、多くの人を巻き込んでやった場合は、それだけ当事者が増えるのです。

これは問題意識を共有する人間を増やしたという意味で、今後の活動に大きな影響を与えることになります。もしかしたら、次は自分だけでなく、多くの人たちが自発的に始めるかもしれません。それに最近はなんでもインターネット上のＳＮＳで拡散していく時代です。情報も熱意も物さえも。ですから、当事者が多くなればなるほど、拡散力が増し、影響が大きくなるというわけです。

そうなると、一人でできることでも、多くの人を巻き込んだほうがいいということになります。そしてそのほうが評価されるのです。**多くの人を巻き込むのは立派な能力です。それを巻き込み力と呼んでもいいでしょう。**

自発的な参加を促す

ただ、人を巻き込むのはそう簡単ではありません。強制するのでは意味がないですし、お願いするのもやはり相手を無理に引き込むことになりかねません。

一番いいのは、相手が自発的に参加してくれるケースです。その状態をつくり出すためにはどうすればいいか？

この点で参考になるのが、TEDのプレゼンで起業家のデレク・シヴァーズが披露した「社会運動はどうやって起こすか」という話です。シヴァーズは変な踊りをしている男に、誰か一人が面白がって追随すると、それが3人になり、一気に多くの人が追随する映像を見せます。そしてこれがコツだというのです。

つまり、**誰か一人、面白がって一緒にやってくれる人を見つければいいわけです。そうすれば後は自然に広がっていきます。**たしかに、何かが広がる時には必ずそういう二人目のフォロワーがいます。たった一人でやっているのと、複数の人が楽しそうにやっているのとは魅力がまったく違ってきます。自分もあの複数の輪の中に入りたいという気もちになるのです。

これは発想の転換だといえます。私たちはどうすれば一気に多くの人たちを巻き込めるか考えようとします。しかしそれは大変困難なことなのです。でも、**たった一人の追随者を見つけるのは、そう難しいことではありません。何事も一人くらいは同じセンスをもった人がいるものです。その人さえ見つければ、**

あとは自然に多くの人を巻き込むことができるのです!

二人目を見つけるよう教える

だから子どもたちにも、**多くの人を巻き込む大切さと同時に、そういう二人目の追随者を見つけるように教える必要があります。**この場合、ビジネスの世界で多くの人をターゲットにしたマスマーケティングと、個別の人をターゲットにしたワン・トゥ・ワン・マーケティングが異なるように、戦略をよく考えないといけません。

多くの人に訴えようとすると、どうしても一般受けするように妥協してしまうのです。これがマスマーケティングの発想です。でも、特定の誰かの心にサするようにするには、そんな戦法ではかえってマイナスです。たった一人の追随者を探したいなら、何も遠慮する必要はないのです。全力でやりたいことをやっていれば、その強度に惹かれて追随する人が現れるに違いありません。

強度とは

そう、ここでのキーワードは強度です。**広く浅く心をつかむには強度は適していませんが、一人のハートをぐっとわしづかみにするには、熱意もやることも強ければ強いほどいいのです。**実は強度は哲学用語としても使われています。フランスの現代思想家ドゥルーズなどは、まさにこれを巻き込み力と同義の言葉として使っているのです。だから程度が強いほど、巻き込めるということです。最初は一人、そのあと二人、三人、そして無数に。

人の熱意というのは伝わるものです。熱い人を見ると、やっていることの内容は別として、ただそれだけの理由で応援したくなるから不思議です。これも人を巻き込むには大事な要素です。本気で人を巻き込みたいなら、熱くならないとだめなのです。

政治家はみんな熱いですが、それくらいじゃないと多くの人の支持は得られないのでしょう。クールで冷静な官僚でも、立候補すると人が変わったように熱くなります。その意味では、子どもたちに熱くなる練習をさせる必要があるかもしれませんね。近頃はクールな子どもが増えていますから、なおさら熱くさせるためのコーチングが求められるように思います。

忍耐力——我慢を飼いならす

超人になる

行動力の裏返しともいえるのが、忍耐力です。**物事をやり遂げるためにも忍耐力が必要ですが、時にそれは何かをやらないことにも求められます。**つまり、やることを我慢するということです。ここではそんな二つの側面をもった忍耐力についてお話ししたいと思います。

まず物事をやり遂げるための忍耐力ですが、これについては、立ち上がる力を養うしかないと思います。人間は神とは違って弱い存在ですから、へこむなといっても無理です。どんな人でも必ずへこむ時があるものです。だからへこむことを前提に、それでも立ち上がれるようにしておくのが一番なのです。

そこで参考になるのが、ドイツの哲学者ニーチェの超人思想です。ニーチェは「神は死んだ」の名言で有名ですが、この言葉の意味は、神に頼らず強く生きよということなのです。そのためにはもう、**何度倒れても自分を信じて立ち上がるしかありません。**誰も起き上がらせてくれないのですから。**それは今までの弱い自分を超えて、超人になるということにほかなりません。**

そうやって立ち上がるには、信念をもち続けるしかないでしょうね。絶対にやり遂げるという強い信念を。そこで忍耐力のもう一つの側面が関係してきます。先ほども書いたように、忍耐力には「やらない」という選択肢もあるのです。もちろんこれは消極的な意味でやらないというのではなくて、目的を達成するために堪えるということです。

しかし、人間は何かをしたい生き物なので、我慢する、あえて何もしないというのが、とてもつらいわけです。まさに我慢するということに我慢ができない。だから我慢できる人が高く評価されるわけです。「よく我慢した」と。

とくに目的を達するためには、我慢をしなければならない時期が必ずあります。歴史に出てくる復讐劇には、必ずそうした要素が含まれています。力をつけるまで我慢する。そうして、時が来た時に敵を討つ。子どもの頃、平清盛に捕らえられた鎌倉幕府の源頼朝もそうでした。前にも触れた忠臣蔵の大石内蔵助もそうです。昼行燈と呼ばれながら、機が熟すのをひたすら待ったのです。そうです、待つというのは忍耐なのです。

タイミングを見る

待つことができない人間は、失敗します。なぜなら、ものごとにはタイミングがあるからです。その意味では、待つということは、タイミングを見計らうということでもあります。ひらすら待ったとしても、タイミングを逃してしまっては、結局待つ意味がありません。では、どうすればタイミングを見計らうことができるのか？

それには欲を抑えることです。待てないのは、欲が優るからだといえます。本当は待ったほうがいいのに、早く欲しいがために冷静な判断力を欠いてしまうのです。ですから、**欲を抑えれば、落ち着いてタイミングを見計らうことができるでしょう。**これもまた難しいことではありますが、本当に成功したいならやれるはずです。

ストップギャップ法とは

どうしてもだめだという人には、ストップギャップ法をお勧めします。**ストップギャップというのは、その場をしのぐという意味です。**つまり、お腹がすいているような時に、御飯まで待てない人は軽くおやつをつまみますよね。そうすることでしばらくは我慢ができるからです。ここでおやつを食べ過ぎてしまうと、一瞬満足しますが、あとで大きな後悔が待っています。夕食のおかずが大好物なのに、お腹いっぱいで食べられないといったように。

こうしてその場しのぎができるようになれば、タイミングを見計らえるはずです。これは何についても適用可能な方法です。たとえば、正当な理由があって反論したいけど、我慢するといった時にも使えます。相手が急いでいる時などは、反論しても聞く耳をもっていないことが多いでしょう。反論することで、かえって心証を悪くするということもあり得ます。

ならば、**その場ではぐっと我慢して、タイミングを見て反論したほうが効果的なはずです。**それならもしかして聞き入れてくれるかもしれません。そこでストップギャップ法です。反論を展開するとだめで、何もいわないと爆発しそうになるなら、これだけいい放っておくのです。「今度話をさせてください」と。予告編のようなものです。

ただ子どもに「我慢しなさい」というだけでは、子どももストレスがたまる一方です。それに我慢にも限界があるでしょう。したがって、うまく我慢を飼いならす方法を教えてあげる必要があるのです。

行動力と忍耐力は表裏一体だといいましたが、アクセルとブレーキといったほうがいいかもしれません。いい運転は、うまくブレーキを使った運転です。スピードを落とすところは落とし、出すべきところでアクセル全開。人生はそんなふうにうまく走ることで初めて、成功をもたらすのです。

グローバル力――求められる三つの態度

真のグローバル化とは

行動力の話のまとめとして、グローバルに活躍するということについてお話ししておきたいと思います。なぜなら、この二一世紀において行動するとは、グローバルに行動することを意味するといっても過言ではないからです。

そもそもグローバル化とはどういうことなのでしょうか。もちろんこれが英語化だけを意味するものでないことは、さすがにわかっていただけるかと思います。英語が大事なのはいうまでもありませんが、それは一要素に過ぎないのです。

英語については、表現力として次章で論じていますので、ここでは別の要素について強調しておきたいと思います。それは一体化です。中国語でグローバル化のことを全球化といいます。つまり、全部地球化ということです。たしかにグローバル化は、一般に人・物・金が国境を越えて行き交う現象を指しますから、あたかも地球全体が一つのようになると表現するのは、いい得て妙です。

もっとも、そうした一つになっていくという部分により着目するなら、一体化というのがふさわしいように思います。全球化は完成形であるのに対して、一体化は現象そのものを指すといういい方もできるでしょう。何もかもが次々とつながっていくイメージです。だから日本の国も、貿易の枠組みやルールを世界で共有できるようにしたり、大学教育を世界標準にして世界のほかの大学とつながるように対応を始めたのです。

三つの態度を鍛える

ということは、グローバルに行動するという時も、そうしたグローバル化の本質を前提にして考えなければなりません。すべてが一体化していく中で、どのように行動することが望ましいのか？　そこには、**次の三つの態度が求められるように思います。つまり、「素早く対応する」、「違いを受け入れる」、「まとめる」という三つです。**

一体化はどこか一か所で起こっているわけではなく、この地球上のあらゆるところで無数に同時進行しているのです。しかもどこかがつながると、その周辺がまた広がっていくという意味で、速度が加速します。したがって、素早く対応する必要があるのです。また、ほとんどの場合、異質なものとつながらざるを得ないので、違いを受け入れる開かれた柔軟な態度がないと、すぐにとん挫してしまいます。さらに重要なのは、違いを受け入れたあと、どのようなルールをつくって共存していくかです。ここをしっかりとまとめることができないと、ただ火種を抱えただけになってしまうのです。一体化とルール化はセットだと思っておいたほうがいいでしょう。

したがって、これら三つの態度を鍛えることで、グローバル化を促進することができるのです。

どう鍛えるか

素早く対応するためには、なんでもため込まないように習慣づける必要があります。大人もそうですが、ためると遅れます。書類の処理も、メールの返事も、後回しにするとどんどんたまっていくのです。だからすぐやらなければなりません。どうしてもできないものだけ後回しにすればいいのです。

仕事のできる人は皆そういうやり方をしています。これは習慣の問題だと思います。子どものころからそういう習慣さえつければ、別に苦ではなくなるでしょう。どうせやらないといけないのですから。いや、後からやるほうが、記憶があいまいになって効率が悪いとさえいえます。宿題も、片付けも、明日の用意も、すべてすぐやる。遊ぶのはそれからでいいのです。そのほうが子どもも落ち着いて遊べます。

違いを受け入れるには、寛容さが必要で、寛容さを身につけるには、相手のよいところを見るようにすればいいのです。子どもには、常に自分と違う人のいいところを発見するように教えなければなりません。どこが違うかとか、どこが嫌かなどどうでもいいのです。大事なのは、どこが自分より優れているかです。そうすると子どもは、自然に違いを受け入れるようになります。誰だって優れている人は尊敬するし、いいところを学びたいですから。

まとめる能力は、共通点を見つける訓練をすれば養われます。まとめるというのは、みんなが納得する状態にもって行くということです。それには共通点を探せばいいのです。共有できるものと言い換えてもいいでしょう。これには、子どもたちに新しい遊びを考えさせるのが一番です。新しい遊びにはルールが必要ですが、そのルールはみんなが納得するものでないと、受け入れられません。たとえば三角ベースや鬼ごっこのような遊びのルール決めは、そのラインを探る訓練にぴったりなのです。

こうした三つの態度に語学力が加われば、十分グローバル力があるといっていいでしょう。いずれも一朝一夕に身につくものではありませんから、子どもの時からしっかりとやっておかなければなりません。

9

行動力のポイント

「超能力感」を身につけ、
困難を突破する力をつけよう

まず一人から仲間を見つけて、
「巻き込み力」を身につけよう

10

表現力を鍛える

演技の練習をする

人生も仕事も演技次第

何事も表現力で差がつく時代になっています。大量の情報が飛び交う中で差をつけるには、まず中身の前に表現力が大きなカギを握るということでしょう。また、テクノロジーのおかげで、物事の表現方法が質的に変化したということもあります。今やなんでもできるといっても過言ではないのです。

ＣＧもそうですし、プロジェクションマッピングもそうです。プレゼン用ソフトや動画を使いこなすのは当たり前で、誰もがエンターテイナーになれる時代です。そうすると、ますます表現力で競うようになります。

ただ、テクノロジーを使いこなすのは当たり前ということだと、そこではあまり差はつかなくなります。皆同じものを使って、同じことができるのですから。**むしろそうした時代だからこそ、本来自分がもっている純粋な表現力が問われてくるわけです。**

私は小学校と中学校で一時期演劇部に入っていました。また、大学時代にはアナウンス学校にも通っていたので、表現力についてはいつも勉強をしてきたほうだと思います。今でも、演劇のワークショップに参加することがあります。

その経験からいえることは、**人生も仕事も演技次第ということです。**こんなことをいうと誤解されそうですが、決して演技で人をだませばいいというような意味ではありません。私がいいたいのは、**最適な表現をすることで、物事はよりスムーズに成し遂げることができるということです。**

演技が最適な表現であるというのは、人間のペルソナを見れば明らかでしょう。ペルソナとは人格や性格を意味する思想用語で、英語でいうパーソナリティのことです。もともと仮面を意味する語であることからもわかるように、人間があたかも仮面をかぶるかのごとく、様々な性格をもちうることを含意しています。たしかに私たちは、日常複数の人格を使い分けています。それは言い換えると、ＴＰＯに応じて、最適な表現をしているということにほかなりません。

その場その場を最適な状態でやり過ごすためには、その場に最適な自分である必要があります。**それをよりうまくやれる人ほど評価されるわけです。**先ほど、人生も仕事も演技次第といったのは、そうした理由からです。

演技力を磨くには

では、どうやってそんな演技力を磨けばいいのでしょうか？　以前私が参加した演劇のワークショップでは、「どういう意味？」という言葉を一〇〇通りもの方法でいわされました。この言葉は、怒っていうのと、喜んでいうのとでは正反対の意味になります。こんなふうに、同じ言葉を感情表現だけで一〇〇通りも表現できれば、かなりの演技力です。たいていの人は一桁で頭を抱えてしまいます。

この応用で、私がよく講演で小学生に課すのは、「自分で考えた新しい言葉で感動させて」というお題です。即興で新しい言葉を考えること自体難しいのですが、こういうのが得意な子は颯爽と手を挙げて、「ふあーほわほわ！」などといいます。会場は大爆笑に包まれるのですが、こうして多くの人たちの心を動かすということは、相当な表現力が必要なわけです。

究極の課題ともいえるのが、「言葉以外で今の気持ちを表現して」というものです。これはプロの俳優でも難しい課題のように思えますが、子どもであるがゆえに照れがないのか、意外とうまくやる子もいます。以前、講演でこのお題を投げかけた際には、バレーをやっているという女の子が、バレーの動きで表現してくれました。あるいは、なぜかいきなり頭を床につけた三点倒立を披露してくれた男の子もいました。これも何かメッセージがあったのでしょうが……。少なくとも会場は大いに盛り上がりました。

その時私は、チャップリンの演技を思い出しました。身体の動きや表情だけで人を笑わしたり、涙させたりすることのできるあの名演技を。そこに言葉が加わった時、あの名作『独裁者』が成立したのです。ヒトラーとナチズムを風刺したポリティカル・コメディです。そして、その演技は現実の政治に対して、見事痛烈なメッセージを放ちました。余談ですが、私は中学の時に英語の弁論大会でこれを演じて、市の大会で入賞しました。以来、チャップリンが私の演技のお手本になっています。

同じ言葉でも、表現力があるのとないのとでは、まったく効果が異なってきます。だからできれば子どもたちには、演技を学ばせるべきです。別に私のように演劇部にまで入る必要はないでしょうが、少しでも基礎を学んでおくのはいいことだと思います。

「あえいうえおあお」とかいいながら腹式呼吸を身につけると、人前で意見をいったり、発表する時に、大きな声が出るようにもなります。早口言葉なども練習するので、滑舌がよくなるというメリットもあります。大きな声が出て、滑舌がよくて、演技力まである。これはもう、どんな分野でも役に立つ成功の条件だといっていいでしょう。

文章を書く

うまい人の文章をまねる

表現力を磨くという点では、文章を書くということについてもお話ししておきたいと思います。私は一応作家なので、これについては少しこだわりがあります。まずいいたいのは、文章を書くということは、ほかの表現力とは異なる独自の能力だということです。

つまり、**いくら話すのがうまくても、いくら演技がうまくても、だからといって文章がうまいとは限らないのです。**いい文章を書くには、それなりの訓練がいるように思います。**一番わかりやすいのは、うまい人の文章をまねることです。誰でもいいですが、一般にうまいといわれている人のスタイルをまね**

る。句読点から形容の仕方まですべてです。

そのようなことをすると、まったく誰かと同じになってしまうんじゃないかと心配する人がいるかもしれません。大丈夫、そんな心配は無用です。いくらまねても、自然に色々と混ざってきます。それに自分がもっている個性も出ますので、完全に同じにはなりません。逆に完全に同じになる人がいたら、それはそれですごいことです。想像してみてください。川端康成のまねをしていたら、まったく同じになったというような人を。日本を代表するノーベル賞作家ですよ⁉

言葉は無数にあり、その組み合わせも無数に考えられます。おまけに言葉は生きています。刻一刻と変化しているのです。だからそもそもまったく同じように書くのは不可能です。

ほかの人に修正してもらう

その意味で、いくらまねても同じにならないと同時に、完璧にもなりません。

だからまねるのと同時にすべきなのは、修正です。ここで大事なのは、他者に修正してもらうことです。自分ではいくらやっても気づかない間違いがたくさんあります。それは私もいまだに直面している問題です。編集者やプロの校正者に文章を直してもらって、反省することしきりです。

だいたい自分の文章は甘く見がちです。だから他者の厳しい目が必要なのです。その点で、私が鍛えられたのは、若いころ勤めていた商社や市役所の上司たちのおかげです。彼らは容赦なく添削してくれます。というより、何かケチをつけてやろうくらいの気持ちで部下の文章を見ます。よくいうと教育、悪くいうと存在意義を示すためです。市役所の場合は、公文書になるので、特に慎重にならなければならないという特殊性もあります。

そうして三〇を過ぎて大学院に通い、論文を書く頃には、すでに私の文章は自信がもてるものになっていました。だから大学院でも褒められました。普通は指導してもらうところなのですが……。

そこからさらに私は、先ほどのまねる行為に磨きをかけていったのです。大学院時代を通じて、文章がうまいとされる複数の作家のいいところを色々と参考にしました。文章は好き嫌いもあるので、誰か一人完璧なモデルを見つけるというのは大変です。そこで、リズムはこの人、比喩はこの人、句読点の使い方はこの人といったように、いいとこ取りをしたわけです。そうしてでき上がったのが、今の私のスタイルです。

このように、**まねることと添削を繰り返すことで、文章は上達していきます。**私はこのサイクルを今も続けています。いい文章に出会えば参考にします。幸い作家なので、常に添削してもらえる機会もあります。

もちろん実際に書くことが大前提です。書かないとまねはできませんし、添削もしてもらえません。それに文章は習うより慣れろで、書かないとうまくなりません。文章の書き方の本をいくら読んだって、多分何も変わらないでしょう。蘊蓄が増えるだけです。

親が添削する

日本の子どもたちの場合、結構文章を書く機会はあると思います。幸か不幸か、話す機会が少ないため、相対的に書く時間が多くなるのです。作文の宿題があったり、日記の宿題があったりと。うちの子たちもよくやっています。

そこでさらに家庭で文章力を伸ばすには、親がきちんと見て、添削をすることです。これは子どもは嫌がります。でも、そうしないと伸びないのです。先生は忙しいので、そこまで細かく直してくれません。自信をなくさせるのがいけないのは当然ですが、そこはやり方次第です。

これはダメ、間違っているというのでは自信を喪失するだけですから、あくまで提案をするわけです。「へー面白いじゃない」と、まず褒めてから、「ここさ、こんなふうにしたらもっと面白いんじゃないかな」などというのです。そうすると、「そうかなぁ」などといって子どもは考えます。その場で無理強いをしてはいけません。

子どももプライドがありますし、またいいかどうか本当に考える時間が必要なこともありますから。すると、次に同じような表現をする機会がある時には、ちゃんと前に提案したことを取り入れているものです。いや、子どもは意外と純粋ですから、それがアドバイスによるものであることを忘れていることさえあります。いい表現が思い浮かんだと本気で思っていたりするのです。でも、それでいいのです。私たちだってそうやって文章を書けるようになったのですから。

外国語を学ぶ

言語は思考の表現

先ほどグローバル力は英語だけではないという話をしました。ただ、今の時代、英語が武器になることは間違いありません。英語は事実上の国際公用語ですし、逆にテクノロジーはまだ完璧に同時通訳するデバイスを生み出すことができていないからです。そうなると、自力で英語を身につけるよりほかないのです。

面倒だなと思う人や、日本人は不利だなと思う人もいるでしょう。でも、マイナス要素ばかりではありません。思考という側面からも、英語を身につけることは大きなプラスになります。というのも、**物事を二つの視点でとらえ、二**

つの視点で表現することができるようになるからです。

言語は思考の表現です。物事をとらえ、表現する時、私たちは必ず言語という道具を媒介にして行っているのです。したがって、その道具が異なれば、とらえるものも表現するものも変わってきます。

英語と日本語はまったく違う道具です。たとえば語順が違いますし、主語を明確にするかどうかが違います。英語は主語動詞の順番で始まりますが、日本語は動詞が文章の最後に来ます。ということは、英語を道具としている時は、まず何をやるのか動作を明確に表現するということになります。また、英語は基本的に主語を省略しないので、主体を明確にして表現するということになるわけです。

これはどちらがいいとか悪いとかいうことではなく、同じ内容を伝える場合でも、そういう違いが出てくるということです。**そうした複数の表現方法を身につけると、脳が活性化するのは明らかです。**よく英語脳などといいますが、あれは単なる比喩ではなく、本当に自分の中にもう一つの思考回路ができるのです。

言語には文化的な背景がありますから、外国語によるもう一つの思考回路は、別の価値観に基づく思考を可能にするといっても過言ではないでしょう。だからいくら同時翻訳のデバイスが発達しようと、やはり自分で外国語を操れるようになることには、大きなメリットがあるのです。

複数の物の見方を

そう考えると、英語だけでなく、**もっとたくさんの言語を身につければ、それだけますます複数の物の見方ができ、豊かな表現が可能になるということです。**私の場合、人生において四つの外国語を比較的真剣に学んできたので、かなり複数の視点で思考をすることができると思います。

少し紹介すると、大学で第二外国語としてフランス語を選択したのですが、一年生の時にいい加減にやって落としてしまったので、通常二年のところ三年間履修するハメになりました。そのおかげで基礎が身につきました。大学院ではドイツの哲学者ヘーゲルを専門にしたので、ドイツに短期語学留学に行ったり、ドイツ人のチューターをつけたりして、必死に勉強しました。

それから中国語は商社に入って会社派遣で台湾に一年留学し、その後北京で働いていたので、これまたかなり真剣にやることになりました。今も仕事の関係で勉強しています。そして英語はもう三〇年以上やっています。アメリカのプリンストン大学でも研究生活を送りましたから、一応一番得意です。英語勉強法の本（『小川式英語が突然ペラペラになる勉強法』）まで出版し、おかげさまで版を重ねています。

こんなふうに、**複数の視点をもつと、自分の表現力が豊かになるだけでなく、相手の気持ちもわかるようになります。それによってコミュニケーションが円滑になるというメリットもあります。**だから私は、哲学者であるにもかかわらず、語学を学ぶための本まで出して、外国語を学ぶ効用を熱っぽく説いているのです。

とはいえ、外国語を学ぶのはそう簡単ではありません。効用はわかっていても、なかなか重い腰を上げるのは大変です。あるいは始めてもすぐ挫折してしまいます。

楽しみながらどんどん話す

そこで、ここでは子どものための長続きする語学学習法についてお話ししておきたいと思います。それは、日本の英語教育がこれまでやってきたことの逆をすればいいのです。日本の英語教育は完全に失敗しました。まず英語嫌いの子どもをたくさんつくったという点で、そして何より何年やってもその言語を話せるように教育できないという点でです。理屈ばっかりで、話す機会が少な過ぎるのです。

だから私は声を大にしていいたいのです。子どもにはとにかく、語学を楽しんでもらいたい。そしてどんどん話してもらいたいと。それだけのことです。**楽しみながら話すだけで、語学は自然と身についていきます。理屈は後からでいいのです。**反対に、いくら理屈を学んでも、嫌いになったり、話せなくなったりすると取り返しがつきませんからね。

プレゼンの実践

より効果的に言葉を伝える方法

今、もっとも注目されている表現手段は、プレゼンだといえます。二〇二〇年開催予定の東京オリンピック招致の際には、滝川クリステルさんのあの「お・も・て・な・し」プレゼンを始め、プレゼンの威力と魅力が日本中に広まりました。また、アメリカのプレゼンイベントＴＥＤもＮＨＫの番組「スーパープレゼンテーション」として放映され、日本でもプレゼンのもつポテンシャルに大きな注目が集まっています。

大学でも今はプレゼンを教える時代になっており、私もそうした授業を担当しています。それにプレゼンに関する本も数冊出しています。どうして哲学者の私がと思われるかもしれませんが、哲学は物事の本質を言葉で表現する学問ですから、その言葉をより効果的に伝える必要があるのです。

それは美しい文章にして、本という媒体で伝えることもあれば、ライブで口頭で伝えることもあります。だからプレゼンが密接に関係してくるのです。ソクラテスだって、裁判にかけられた際は、多くのアテネ市民の前でプレゼンをしました。いや、**おそらく哲学に限らず、どんな分野でもプレゼンは不可欠といっていいでしょう。**私が担当するプレゼンの授業の中には、理工系の大学院生向けのものもあります。彼らはより効果的な学会発表をするために、プレゼンを学ぶのです。

小さい頃からプレゼンの訓練を

日常生活から仕事まで、もはや物事の成否はプレゼンの出来に比例するといってもいいくらいです。そこで子どもたちにも、小さい頃からプレゼンをする訓練をさせておく必要があります。

これもまずイメージを視覚的につかんでおいたほうがいいでしょう。したがって、先ほど紹介したTEDやNHKの番組「スーパープレゼンテーション」をお手本として見ることをお勧めします。もちろん親子で一緒に見るのがベストです。小学生には内容の難しいものが多いですから、補足説明がないとついていけません。視覚的イメージがあっても、あくまでプレゼンなので、映像だけで理解できるものではないのです。

さらに、**親から見てうまいと思う部分があれば、子どもに指摘してあげるとないいでしょう。**プレゼンのプロではなくても、大人は仕事などで子どもよりはプレゼンを見慣れているはずなので、多少わかると思います。その程度のアドバイスで十分です。基本的には実践する中で身につけていくものですから。

人前で話す機会の多いアメリカの教育

それはアメリカ人を見ているとよくわかります。彼らは特別なプレゼンの訓練を受けていなくても、皆総じてプレゼンの名手のように見えます。それもそのはず、**子どものころから人前で話す機会がふんだんにあるのです**。私はそれをアメリカの幼稚園と小学校で嫌というほど見せつけられました。日替わりで、家からもってきたものなどについてちょっとしたスピーチをするショウ・アンド・テルに始まり、授業でのまとめの報告など、毎日一回は人前で話している感じです。

これに対して、日本では本当にそういう機会がありません。最近はようやく変わりつつありますが、まだまだです。この前、元小学校の校長をしていたという方に、こんな話を聞きました。その方が務めていた学校では、近くに観光名所があったため、そこで小学生に観光ガイドをやらせていたそうです。すると、子どもたちのプレゼン能力が上がるだけでなく、自信にあふれ、外向的で主体的な性格が形成されたというのです。

たしかに、**人前で話す、しかも見ず知らずの人とコミュニケーションをとるというのは、子どもたちにとっては大変なことです。でも、だからこそ自信につながるのでしょう**。そしてその自信は性格の形成にまで影響を与える。こんなすごいことはありません。そういわれてみると、アメリカ人はプレゼンがうまいだけでなく、一般に外向的で主体的です。あれはもしかしたら、プレゼンの効果なのかもしれませんね。

それに人前で声を出すというのは、それだけでとても気持ちのいいことです。初めて街頭で募金活動をした学生たちがもらした感想が、とても印象的でした。彼らは一様にこういったのです。「外で声を出すのって気持ちいいですね」と。日常、いかにそういう機会がないかを物語っています。

思考の訓練の場

最後に思考とプレゼンの関係について、少しお話ししておきます。プレゼンはもちろんあらかじめしっかりと用意してからやるべきです。でも、なかなかその通りにはいきません。会場の雰囲気によっては、アドリブを入れたりする必要もあるでしょう。そのほうが生き生きとしたプレゼンになって、伝わる度合いもぐっと上がります。そのためには、常に考えながらやらなければならないのです。

多くの人を前にして、プレゼンしながら考えるのは、そう簡単ではありません。もう頭をフル回転させなければいけないでしょう。でも、だからこそいい思考の訓練になるのです。その意味で**プレゼンは、単に表現力の醸成にとどまらず、性格形成や思考力の強化にまで効果がある最高の営みだといえます。**

10

表現力のポイント

言葉や文章を磨いて、
表現力を身につけよう

性格形成や思考力の強化になる
プレゼンをどんどんしてみよう

おわりに――人生における成功とは？

ある意味で、本書は子どもが成功するためのガイドブックだということもできるでしょう。誰もが自分の子どもの成功を願っていることと思います。そのために教育をし、子どもに投資をしているのです。

ところが、実際に社会で成功する人たちはそんなに多くはありません。おそらくそれは、親が抱いている成功のイメージに問題があるのではないかと思われます。ほとんどの親たちは、いい大学を出て、いい会社や官公庁に就職する、あるいは医学部に行って医者になることが成功だと思っています。

しかし、いい大学も医学部もパイが限られているうえに、全員がいい会社や官公庁に就職したり、医者になれるわけではないのです。何より、いい会社に勤めている人や医者でさえ、必ずしも人生の成功者だとはいい切れないのです。私の知り合いにも、親の跡を継ぐために医者になったけれど、本当はまったく違うことがしたかったという人がいます。「地位も名誉もお金もある人がなぜ？」と思うかもしれませんが、そこが問題です。

つまり、人生の成功とは極めて主観的なもので、その意味で一義的に決まるものではないのです。安定した生活、しかもできるだけ収入がいいほうが成功だと親が決めてかかっているだけで、実際に子どもがそう思うかどうかは別問題なわけです。いくらたくさんのお金をもらえても、興味のない仕事を毎日やらないといけないとすると、それは幸福感にはつながりません。

人それぞれ個性があるように、好きなことにも違いがあります。そして誰だって好きなことができる状態が幸せに決まっているのです。もしそれを仕事にできたらどうでしょう？ それこそが本当の人生の成功なのではないでしょうか。一人ひとりが好きな仕事につき、それで満足のいく収入を得る。これが理想です。

私自身、いい大学を出て、いい会社に入ることが成功だと思っていました。でも、それによって本当の幸福感を得ることはできませんでした。その後、好きな仕事をやるためにまた努力をし直しました。振り返ってみると、今の自分になるためには、いわゆる世間が「成功への道」だと思っているコースを歩む必要はなかったように思います。

本書では、そんなふうに一人ひとりが好きなことで真の成功を手にするための方法論を提示したつもりです。世間の成功のイメージにとらわれず、ぜひ自分のお子さんが、生き生きと社会で活躍する姿を思い浮かべてみてください。

さて、本書の執筆に当たっては、多くの方々に大変お世話になりました。とりわけ前著に引き続き、構想の段階から完成に至るまで粘り強く支えてくださった教育評論社の小山香里さんには、この場をお借りしてお礼を申し上げたいと思います。また、ある意味で本書のモチーフとなった二人の子どもたちにも感謝の意を述べたいと思います。最後に、本書をお読みいただいたすべての方に改めて感謝を申し上げます。

二〇一六年五月吉日

小川仁志

【主要参考文献】

アダム・スミス著／水田洋訳『道徳感情論（上下）』（岩波文庫、２００３年）
伊勢田哲治『哲学思考トレーニング』（ちくま新書、２００５年）
伊藤穰一著／狩野綾子訳『「ひらめき」を生む技術』（ＫＡＤＯＫＡＷＡ、２０１３年）
エリック・シュミット、ジョナサン・ローゼンバーグほか著／土方奈美訳『How Google Works 私たちの働き方とマネジメント』（日本経済新聞出版社、２０１４年）
小川仁志『小川式英語が突然ペラペラになる勉強法』（ＰＨＰ研究所、２０１４年）
小川仁志『駄菓子屋のヒゲおじさんと考える こども哲学塾』（ＰＨＰ研究所、２０１１年）
小川仁志『７日間で突然頭がよくなる本』（ＰＨＰ研究所、２０１２年）
カント著／波多野精一ほか訳『実践理性批判』（岩波文庫、１９７９年）
カント著／篠田英雄訳『純粋理性批判（上中下）』（岩波文庫、１９６１〜１９６２年）
カント著／篠田英雄訳『判断力批判（上下）』（岩波文庫、１９６４年）
桑子敏雄『感性の哲学』（日本放送出版協会、２００１年）
佐々木健一『日本的感性 触覚とずらしの構造』（中公新書、２０１０年）
ジョン・ファーンドン著／小田島恒志、小田島則子訳『ケンブリッジ・オックスフォード合格基準 英国エリートたちの思考力』（河出書房新社、２０１５年）
ジョン・ロールズ著／川本隆史、福間聡、神島裕子訳『正義論』（紀伊國屋書店、２０１０年）
鈴木健、大井恭子、竹前文夫編『クリティカル・シンキングと教育 日本の教育を再構築する』（世界思想社、２００６年）

高橋源一郎、ＳＥＡＬＤｓ『民主主義ってなんだ？』（河出書房新社、２０１５年）
デカルト著／谷川多佳子訳『情念論』（岩波文庫、２００８年）
トーマス・カスカート著／小川仁志監訳、高橋璃子訳『「正義」は決められるのか？　トロッコ問題で考える哲学入門』（かんき出版、２０１５年）
ドナリン・ミラー著／高橋璃子訳『子どもが「読書」に夢中になる魔法の授業』（かんき出版、２０１５年）
西村則康『中学受験は親が９割　［学年・科目別］必勝対策』（青春出版社、２０１５年）
ハンナ・アレント著／志水速雄訳『人間の条件』（筑摩書房、１９９４年）
プラトン著／久保勉訳『クリトン』（岩波文庫、１９６４年）
プラトン著／久保勉訳『饗宴』（岩波文庫、１９６５年）
三浦俊彦『天才児のための論理思考入門』（河出書房新社、２０１５年）
森田伸子『子どもと哲学を　問いから希望へ』（勁草書房、２０１１年）
山本常朝著／和辻哲郎、古川哲史校訂『葉隠（上中下）』（岩波文庫、１９４０〜１９４１年）
ラッセル著／安藤貞雄訳『幸福論』（岩波文庫、１９９１年）
リチャード・ポール、リンダ・エルダー著／村田美子、巽由佳子訳『クリティカル・シンキング　「思考」と「行動」を高める基礎講座』（東洋経済新報社、２００３年）
リンダ・グラットン著／池村千秋訳『ワーク・シフト　孤独と貧困から自由になる働き方の未来図〈２０２５〉』（プレジデント社、２０１２年）
Ｃ・Ｉ・バーナード著／飯野春樹監訳『組織と管理』（文眞堂、１９９０年）

◎著者略歴
小川仁志（おがわ・ひとし）

1970年京都市生まれ。哲学者。山口大学国際総合科学部准教授。

米プリンストン大学客員研究員（2011年度）。

京都大学法学部卒業後、伊藤忠商事に入社。その後、4年間のフリーター生活を経て、名古屋市役所に入庁する。

市役所勤務の傍ら、名古屋市立大学大学院博士後期課程修了。

博士（人間文化）取得。

商店街で誰でも参加できる「哲学カフェ」を主宰するなど、専門の「公共哲学」の実践に努めている。

著書に『7日間で突然頭がよくなる本』(PHP研究所)、『思考力を鍛える50の哲学問題』(教育評論社) など多数。

自分の子どもを天才にして成功させる本
哲学で地アタマを鍛える10の秘訣

2016年6月11日　初版第1刷発行

著　者　小川仁志
発行者　阿部黄瀬
発行所　株式会社 教育評論社
〒103-0001
東京都中央区日本橋小伝馬町12-5 YSビル
Tel. 03-3664-5851
Fax. 03-3664-5816
http://www.kyohyo.co.jp
印刷製本　萩原印刷株式会社

定価はカバーに表示してあります。

落丁本・乱丁本はお取り替え致します。

ISBN 978-4-86624-000-8